Handbuch Systematischer Theologie
Herausgegeben von Carl Heinz Ratschow
Band 16

Gütersloher Verlagshaus Gerd Mohn

Carl Heinz Ratschow

Die Religionen

Gütersloher Verlagshaus Gerd Mohn

Handbuch Systematischer Theologie (HST)
Herausgegeben von Carl Heinz Ratschow

Das gesamte HST besteht aus den folgenden Bänden:

1. Oswald Bayer, Theologie
2. Albrecht Peters, Gesetz und Evangelium
3. Paul Wrzecionko, Wort Gottes
4. Carl Heinz Ratschow, Geist Gottes
5. Carl Heinz Ratschow, Jesus Christus
6. Jörg Baur, Gott
7. Erwin Quapp, Schöpfung
8. Albrecht Peters, Der Mensch
9. Jörg Baur, Sünde
10. Ulrich Kühn, Kirche
11. Ulrich Kühn, Sakramente
12. Albrecht Peters, Rechtfertigung
13. Martin Seils, Glaube
14. Oswald Bayer, Christliches Leben
15. Martin Schloemann, Hoffnung und Vollendung
16. Carl Heinz Ratschow, Die Religionen
17. Ulrich Mann, Das Wunderbare
18. Walter Sparn, Die Wirklichkeit

CIP-Kurztitelaufnahme der Deutschen Bibliothek

Handbuch systematischer Theologie / hrsg. von
Carl Heinz Ratschow. – Gütersloh: Gütersloher
Verlagshaus Mohn.
NE: Ratschow, Carl Heinz [Hrsg.]
Bd. 16. → Ratschow, Carl Heinz: Die Religionen

Ratschow, Carl Heinz:
Die Religionen / Carl Heinz Ratschow. – Gütersloh:
Gütersloher Verlagshaus Mohn, 1979.
(Handbuch Systematischer Theologie; Bd. 16)
ISBN 3-579-04945-3

ISBN 3-579-04945-3

Satz: IBV Lichtsatz KG, Berlin
Druck und Bindung: Hieronymus Mühlberger, Augsburg
Umschlagentwurf: Dieter Rehder, Aachen
Printed in Germany

Inhalt

Verzeichnis der Abkürzungen

Althaus, Paul:

CW Die christliche Wahrheit. Lehrbuch der Dogmatik, 8. Aufl., Gütersloh 1969.

GD Grundriß der Dogmatik, 4. Aufl., Gütersloh 1958.

Barth, Karl:

KD Kirchliche Dogmatik, 13 Bde., Zollikon-Zürich 1932ff.

BSLK *Bekenntnisschriften* der evangelisch-lutherischen Kirche, 6. Aufl., Göttingen 1967.

Calvin, Johannes:

Inst. Institutio Christianae religionis, letzte Ausg. 1559.

OS Joannis Calvini Opera selecta, hg. von Peter Barth und Wilhelm Niesel, München 1926ff.

CR *Corpus reformatorum.*

Elert, Werner:

CG Der christliche Glaube. Grundlinien der lutherischen Dogmatik, 5. Aufl., Hamburg 1956.

CE Das christliche Ethos. Grundlinien der lutherischen Ethik, 2. Aufl., Hamburg 1961.

LLA Die Lehre des Luthertums im Abriß, Erlangen 1978.

ML Morphologie des Luthertums, Bd. I und II, 3. Aufl., München 1965.

Luther, Martin:

WA M. Luther Werke, kritische Gesamtausgabe, Weimar 1883ff.

WA.B Briefwechsel.

WA.DB Deutsche Bibel.

WA.TR Tischreden.

Melanchthon, Philipp:

StA Studienausgabe, hg. von Robert Stupperich, Bd. II, 1 und 2, Gütersloh 1952.

Tillich, Paul:

ST Systematische Theologie, Bd. I–III, Stuttgart 1955–1966.

GW Gesammelte Werke, Stuttgart 1959ff.

GWErg. Ergänzungs- und Nachlaßbände, Stuttgart 1971ff.

Weber, Otto:

GD Grundlagen der Dogmatik, Bd. I und II, 2. Aufl., Neukirchen 1959.

Einleitung zum Handbuch Systematischer Theologie

In der theologischen und kirchlichen Debatte der Gegenwart vertreten die evangelischen Theologen und Kirchenführer das »Erbe der Reformation« nach wie vor in der Meinung, daß sich die Grundüberzeugungen der Reformatoren auch heute als angemessener Ausdruck christlichen Welt- und Selbstverständnisses erweisen. Die Kirchenordnungen der evangelischen Kirchentümer basieren das kirchliche Leben auf die Einsichten der Reformatoren, wobei das sola scriptura eine ebenso große Rolle spielt wie das sola fide. In den Präambeln der Kirchenverfassungen werden die Confessio Augustana samt der Apologie und anderen Bekenntnissen des 16. Jahrhunderts herangezogen. Wird diese Bekenntnisbindung auch inhaltlich verantwortet? Geht die Bindung an die Glaubensüberzeugung der Reformatoren und deren theologische Ausprägung heute über eine bloße Versicherung hinaus?
Diese Frage drängt sich auch auf, wenn man das innerevangelische kirchliche und theologische Gespräch verfolgt. Dafür *zwei* Beispiele: *Erstens:* Bei den Verhandlungen des Lutherischen Weltbundes in Helsinki 1963 wurde deutlich, daß das theologische Kernstück der Theologie Luthers, die Rechtfertigungslehre, den Vollzug evangelischen Glaubens offenbar nicht mehr so angemessen zu beschreiben vermag, wie das einmal der Fall war. Zwar kann man die historische Bedeutung dieses Lehrstückes gut begreifen, aber der Glaube evangelischer Christen ist aus der Glaubens-Frage und Glaubens-Antwort offenbar ausgewandert, die hinter der Rechtfertigungslehre steht. *Zweitens:* Bei den Lehrgesprächen zwischen den lutherischen und den reformierten Kirchen konnten in der Neuzeit konkordienartige Vereinbarungen getroffen werden, die im 16. Jahrhundert nicht zu erreichen waren.
Die Frage ist also unabweisbar, ob das vielberufene »reformatorische Erbe« heute mehr ist als eine verbale Kennzeichnung, der kein Inhalt mehr entspricht? Freilich muß diese Frage differenzierter gestellt werden. Ganz bestimmte Positionen scheinen sich ohne tiefgreifende Veränderungen durchgehalten zu haben. Es gibt im Gemeindebewußtsein der Gegenwart aber auch Grundüberzeugungen, die als evangelisch gelten, obwohl sie nicht durchweg auf reformatorische Motive des 16. Jahrhunderts zurückgehen, wie z. B. ein fundamentalistisches Bibelverständnis oder eine liberale, um nicht zu sagen lässige Auffassung dessen, was im evangelischen Christentum denn nun zu glauben sei. Es ist gewiß nicht leicht, solche Phänomene exakt zu beschreiben. Allerdings ist ohnedies nicht zu erwarten, daß sich der theologische Ausdruck des Glaubens über so bewegte Jahrhunderte, wie das 18. und 19. Jahrhundert es waren, hinweg unverändert erhalten haben sollte.
Von dem geistigen Umschwung, der sich mit der Aufklärung vollzog und mit

dem Idealismus zunächst konsolidiert zu sein scheint, der sich aber bis in die Gegenwart hinein fortsetzt, ist nicht nur das theologische Denken, sondern auch das unmittelbare Selbstverständnis des Glaubens beeinflußt worden. Die theologische Reflexion war von dieser Wandlung allerdings besonders stark betroffen, weil die denkerische Selbst- und Weltvergewisserung seit dem 16. Jahrhundert radikalen Veränderungen unterlag. Zwar kann man bezweifeln, ob es in den letzten drei Jahrhunderten zu tieferen Einsichten oder angemesseneren Begriffsbildungen gekommen ist. Aber auch der christliche Glaube selbst hat sich den Wandlungen dieser Jahrhunderte nicht zu entziehen vermocht, zumal sie ihm nicht selten unbewußt blieben. Zu tief greift etwa die naturwissenschaftliche Weltanschauung und in ihrem Gefolge die Technisierung der Welt und die Umschichtung der Gesellschaft in das Sinngefüge und das Weltverhalten der Christen ein. Der Glaube versteht sich vor diesem Hintergrund in vieler Hinsicht anders als zur Zeit der Reformation.
Gewiß sind die grundmenschlichen Faktoren von Liebe und Tod, Freude und Leid, Schuld und Vergebung geblieben, wie sie immer waren. Aber der Horizont dieser Erfahrungen hat sich geändert, vor allem das Zeit- und Raumbewußtsein. Und gerade dieses Zeit- und Raumbewußtsein läßt jene grundmenschlichen Faktoren in je eigener Weise erfahren. Die Menschen sind so gut und so böse, wie sie eh und je waren. Aber wie sie sich nach Grund und Ziel in ihrer Güte wie in ihrer Bosheit selbst sehen, das hat sich gewandelt. Das besagt viel. Die hohe Reizschwelle des modernen, weltweit wohlinformierten Menschen macht ihn gegen Erschütterungen taub, von denen der christliche Glaube einst bestimmt war; und was den heutigen Menschen trösten kann, das ist nicht mehr ohne weiteres der »liebe jüngste Tag«.
Man muß also annehmen, daß sich nach vier Jahrhunderten seit der Reformation der christliche Glaube im Widerschein der eigentümlich neuzeitlichen Beleuchtung ebenso andersartig darstellt und versteht, wie sich der denkerische Ausdruck des Glaubens unter den Bedingungen, die das moderne Denken setzte, verändert hat. In diesen Überlegungen liegt die Arbeitshypothese dieses Handbuches Systematischer Theologie (HST). In diesem HST wollen wir den Versuch machen, an wichtigen systematisch-theologischen Fragestellungen zu zeigen, ob, wie und warum sich der theologische Ausdruck des evangelischen Glaubens seit der Reformation verändert hat. Aufgrund solcher Veränderungen wird man vielleicht auch etwas darüber sagen können, ob und wie sich der Glaube evangelischer Christen gewandelt hat, der hinter dem theologischen Ausdruck liegt. Eigentlicher Beobachtungsgegenstand ist jedoch die Systematische Theologie: der Schluß auf den Glauben selbst wird nur zum Teil und nur mit Vorsicht gezogen werden können.
Die Aufgabe, die wir uns in dieser Arbeit gestellt haben, besteht also darin, festzustellen, ob und wie sich der theologische Ausdruck des evangelischen Glaubens vom 16. zum 20. Jahrhundert verändert hat. Die einzelnen Beiträge

werden das Ausmaß dieser Veränderung sehr verschieden darstellen. Man kann aber das Ganze des Prozesses nur an den konkreten Einzelfragen überhaupt erfassen.
Diese Aufgabe verlangt eine strenge Beschränkung in der Auswahl und Darstellung des Stoffes. Es ist weder möglich, die gesamte Theologie der Reformatoren darzustellen, noch kann die evangelische Dogmatik des 20. Jahrhunderts auch nur annähernd umfassend behandelt werden. Wir hoffen, an exemplarisch ausgewählten, einzelnen theologischen Ausdrucksgestalten das Ganze repräsentativ erörtern zu können. Aufgrund eingehender Beratungen über die Stoffe des 16. und des 20. Jahrhunderts wollen wir versuchen, die gestellte Aufgabe an folgenden Einzelthemen zu lösen: 1. Theologie; 2. Gesetz und Evangelium; 3. Wort Gottes; 4. Geist Gottes; 5. Jesus Christus; 6. Gott; 7. Schöpfung; 8. Der Mensch; 9. Sünde; 10. Kirche; 11. Sakramente; 12. Rechtfertigung; 13. Glaube; 14. Christliches Leben; 15. Hoffnung und Vollendung; 16. Die Religionen; 17. Das Wunderbare; 18. Die Wirklichkeit.
Unsere Beratungen und Vorarbeiten haben gezeigt, daß dieses Handbuch in allen seinen Einzelbeiträgen dieselben Bezugsfelder haben muß, damit ihre Ergebnisse miteinander verglichen werden können. Darum sind die Einzelbeiträge im wesentlichen gleich aufgebaut. In jedem Beitrag werden folgende *drei* Schritte vollzogen.

A. Erstens muß die reformatorische Position erhoben werden. (Nur in besonderen Fällen wird von der Theologie des 20. Jahrhunderts ausgegangen werden müssen.) In allen Beiträgen wird dies an Luther, Melanchthon und Calvin geschehen. Die Behandlung der Reformatoren soll aber nicht Selbstzweck sein. Es geht uns beispielsweise nicht darum, eine neue Deutung der Ekklesiologie Luthers vorzulegen. Es geht uns auch nicht um eine Darstellung der theologischen Entwicklung Luthers oder Calvins. Wir wollen die reformatorischen Positionen vielmehr zum Vergleich mit der Theologie des 20. Jahrhunderts möglichst übersichtlich zusammenstellen. Zu dieser Beschränkung zwingt nicht nur der Umfang, der dem einzelnen Beitrag zur Verfügung steht, sondern auch die Absicht des Ganzen. Wir haben daher vereinbart, daß wir *Luther, Melanchthon* und *Calvin* nur nach ihren Spätwerken darstellen wollen. Das heißt für Calvin nach der Institutio von 1559, für Melanchthon nach den Loci von 1559. Für Luther ist eine entsprechende Auswahl schwierig. Wir haben uns auf die Disputationen, die in WA 39 I.II abgedruckt sind, geeinigt. (Diese Disputationen sind zwar kein geschlossenes Werk, aber ihr literarisches Genus verleiht ihnen eine gewisse Einheitlichkeit.)
Wir wollen in den einzelnen Fragestellungen die Reformatoren nach diesen Texten zur Sprache kommen lassen. Die explizite Auseinandersetzung mit der Sekundärliteratur ist nicht beabsichtigt, sondern die möglichst profilierte Darstellung der primären theologischen Aussagen selbst.

Dieses Verfahren hat seine Mängel. Einmal werden z. B. in der Christologie manche Feinheiten und gewisse Besonderheiten der Christologie Luthers nicht auftauchen, weil sie in den genannten Disputationen nicht vorkommen. Trotzdem wird sich ein zutreffendes Bild der christologischen Überzeugungen Luthers ergeben, wenn es der Darstellung gelingt, Luther authentisch zur Sprache zu bringen. Sodann wird es sich an einzelnen Stellen zeigen, daß die Disputationen Luthers, aber auch die Loci Melanchthons für bestimmte Fragestellungen nichts hergeben. Dann wird man ausnahmsweise auf andere Texte zurückgreifen müssen. Es wird freilich die Ausnahme bleiben müssen, um die Vergleichbarkeit der einzelnen Beiträge nicht zu gefährden. Nur bei gleichen Textbezügen ist es möglich, die einzelnen Beiträge quer zu lesen und damit de facto eine Gesamtdarstellung der Theologie Luthers nach seinen Disputationen, Melanchthons nach seinen letzten Loci und Calvins nach der Institutio letzter Hand zu bieten. Ein solcher Vergleich ist notwendig, wenn man die Veränderungen der theologischen Positionen an mehreren oder eben an allen Teilstücken nebeneinander erkennen will.

B. Zweitens muß die Position der modernen evangelischen Theologie erhoben werden. In diesem Teil ist eine analoge Beschränkung notwendig. Wir haben uns darauf geeinigt, die Dogmatiken von *Paul Althaus, Paul Tillich* und *Karl Barth* zugrunde zu legen. (Gelegentlich muß P. Althaus durch Werner Elerts Dogmatik ergänzt werden; auch für K. Barth wird manchmal Otto Webers Dogmatik herangezogen.)
Die Darstellung dieser drei Werke kann wiederum nicht Selbstzweck sein. Es ist z. B. nicht möglich, die Genese der Gedanken Paul Tillichs bis zu seiner Systematischen Theologie zu verfolgen, obwohl vieles in seinem Werk sich erst einer solchen Betrachtung ganz erschließt. Es wird auch nicht möglich sein, die Kirchliche Dogmatik von Karl Barth in ihrer ganzen Breite darzustellen. Wir werden uns auf die Herausarbeitung der Hauptlinien beschränken müssen. Aber je deutlicher diese Hauptlinien hervortreten, je konzentrierter das Wesentliche eines Lehrstückes herausgearbeitet ist, desto klarer werden die Konturen im ganzen. Auch in diesem zweiten Teil geht es um eine möglichst authentische Darstellung. Selbstverständlich hat diese wie jede Darstellung interpretativen Charakter, und die Meinung der einzelnen Bearbeiter wird zutage treten. Eben dadurch soll aber die Aufmerksamkeit wiederum auf die Aussagen Althaus', Tillichs und Barths selbst gelenkt werden.

C. In einem dritten Teil müssen die theologischen Positionen der Reformatoren (A) und der Theologen des 20. Jahrhunderts (B) aufeinander bezogen werden. Dies kann nur in *drei* einander bedingenden Schritten geschehen. *Erstens* sind die Verschiedenheiten in den Aussagen zur selben Sache festzustellen. Es ist zu fragen, was in den einzelnen Lehrstücken anders gesagt und definiert wird. Hierher gehört auch zu fragen, ob sich der gedankliche Ausdruck eines Gehaltes oder dieser Gehalt selbst geändert hat. Dabei ist von Belang, ob ganz bewußte Korrekturen, wie bei der Zweinaturenlehre, oder ob kaum bemerkte innere Verschiebungen, wie bei der Sakramentslehre, vorliegen. *Zweitens* muß untersucht werden, ob sich diese Veränderungen erklären lassen: ob Veränderungen in der theologischen Denkstruktur bzw. in der Struktur des Denkens überhaupt, oder ob Wandlungen im Selbstverständnis des evangelischen Glaubens selbst dazu führten. Dazu wird man eventuell auf theologische Zwischenstationen, etwa bei Leibniz, Lessing oder Schleiermacher, oder auf die geistesgeschichtliche Wende der Aufklärungsphilosophie und des Idealismus, oder auf die vitalistischen und existentialistischen Denkversuche des 20. Jahrhunderts verdeutlichend hinweisen müssen. *Drittens* muß berücksichtigt werden, daß Tendenzen theologischen Denkens neben und nach den behandelten Dogmatiken des 20. Jahrhunderts zum Teil in ganz andere Richtung weiterführen. Seit dem Abschluß der genannten Dogmatiken wurde in vielen Lehrstücken Neuartiges gedacht, das sich zu den reformatorischen Gedanken ebenso fremd verhält wie zu den modernen Dogmatiken. Diese Tendenzen theologischer Neuorientierung werden abschließend notiert und womöglich mit dem durchgeführten Vergleich in Beziehung gebracht werden.

Soweit die Aufgabenstellung, die Inhalte und der Aufbau des Handbuchs Systematischer Theologie. Während der Vorarbeiten ist uns deutlich geworden, daß das HST nicht etwa eine Super-Dogmatik werden kann und soll. Die einzelnen Beiträge wie das Gesamtwerk haben auch nicht die dogmatische Meinung des jeweiligen Mitarbeiters als solche zum Thema. Vielmehr soll eine Art Hilfsarbeit für das dogmatische Denken geleistet werden. In allen *drei* Arbeitsschritten kommt es uns daher auf möglichst *sachliche* Feststellungen an, die unserer Eigenmeinung nur *indirekt* Raum geben. Es ist uns aber auch sehr deutlich, daß die einzelnen Beiträge ihren Gegenstand nicht systematisch-theologisch erschöpfend behandeln können. Sie wollen nicht selbst die einzelnen Lehrstücke neu begründen, sondern feststellen, ob und wie zwischen dem 16. und dem 20. Jahrhundert Veränderungen in ihnen stattgefunden haben, ob in der Substanz der Sache oder ihrem begrifflichen Gerüst, und ob über die bearbeiteten Dogmatiken des 20. Jahrhunderts hinaus die Tendenz zu weiteren Veränderungen sichtbar wird.

Die Kenntnis der »Hilfsarbeit«, die wir hier vorhaben, kann nach unserer Überzeugung von großer Wichtigkeit für die weitere systematisch-theologische Arbeit sein. Sie trägt dazu bei, die Veränderungen seit dem 16. Jahrhundert zu verstehen und zu beurteilen. Die Klarheit hierüber dient nicht nur dem Studium und der Wissenschaft, sondern ist auch für die Selbsteinschätzung der evangelischen Kirchen, speziell für die Frage der Bekenntnistreue und der Ordinationsverpflichtung, von Belang.

Wir haben in unseren Beratungen auf dem Schwanberg lange Zeit angenommen, dieses Werk könne in zwei oder drei Bänden geschlossen erscheinen. Dies hätte den Vorteil gehabt, daß der Benutzer immer das Ganze zur Hand gehabt hätte, um zwischen einzelnen Punkten vergleichen zu können. Inzwischen hat sich aber gezeigt, daß solche voluminösen Bände verlegerisch und buchhändlerisch nicht mehr zu kalkulieren sind. Daraufhin haben wir uns entschlossen, die einzelnen Beiträge in Lieferungen erscheinen zu lassen. Dies hat überdies den Vorteil, daß die Mitarbeiter zeitlich weniger voneinander abhängen und daß die einzelnen Teile des Werkes auch je für sich erworben werden können. Da die Einzelbände jedoch insgesamt subskribiert werden können, ist dem Ganzen kein Abbruch getan. Die bisherigen Vorarbeiten lassen hoffen, daß die Beiträge einander in nicht zu großen Abständen folgen werden.

Für die Mitarbeiter: Carl Heinz Ratschow

A. Die Reformatoren

1. Martin Luther

Zu Martin Luthers Einschätzung der außerchristlichen Religionen stellen wir drei allgemeine Beobachtungen an den Anfang. Erstens ist zu vermerken, daß Luther als Vertreter außerchristlicher Religionen konkret nur die Turci als Repräsentanten des Islam nennt, deren alcoranus er kennt. Zwar redet er mit neutestamentlichem Sprachgebrauch auch von Ethnici oder gentes. Aber hinter diesen Verallgemeinerungen stehen – außer antiken Reminiszenzen – keine konkreten Vorstellungen. Zweitens fällt sofort auf, daß Luther Mohammedaner – also Turci – Juden und Papisten immer wieder gleichbedeutend zusammen nennt. Die drei Ausprägungen von Papst, Türken und Juden bezeichnen einen Sachzusammenhang. Luther kann auch Charakteristiken wie Pelagianer oder hypocritae oder iustitiarii hinzufügen. Damit gibt er Sachhinweise, die die Namen bereits inhaltlich charakterisieren. Jedenfalls sehen wir, daß die Scheidelinie zwischen dem rechten christlichen Glauben und einem außerchristlichen oder unchristlichen Wissen von Gott nicht einfach zwischen den christlichen Konfessionen und den außerchristlichen Religionen verläuft, sondern mitten durch das Christentum selbst hindurchgeht. Ja, unter Umständen kann der Türke noch vor dem Papst rangieren, insofern der Türke nur eine Beherrschung der Körper durch seine religiösen Gesetze erzwingen will, der Papst aber grundsätzlich auf die Seelen aus ist[1]. Aber – das beobachten wir drittens – die Unterscheidung zwischen dem unrechten und dem wahren Glauben ruht noch mehr im Zentrum, wenn Luther in der 3. Disp. gegen die Antinomer von 1538 sagt, daß er als Christ erkennen müsse, daß sein eigen Fleisch ebendasselbe meine, was Türke, Papst und die ganze Welt wolle. Aber freilich müßten wir als Christen per Jesum Christum diesen Hang nicht über uns Herr werden lassen[2]. Das heißt also wiederum, daß die Scheidelinie zwischen wahrem Glauben und Islam bzw. Papsttum quer durch den Christen selbst hindurchgeht. Mit dieser letzten engsten oder weitesten Ansetzung des Unterschiedes geht Luther auf jene im 1. Gebot im Großen Katechismus wie immer wieder bei ihm zu beobachtende Zusammenstellung von Glauben und Gott ein. Glaube und Gott bedingen sich gegenseitig so, daß der Mensch der fabricator seines Gottes ist. Dabei geht es Luther ja nicht um die Existenz Got-

---

Alle Sperrungen oder sonstigen Hervorhebungen in den Texten sind in allen Zitationen fortgelassen.

1. WA 39 II,58,13.
2. WA 39 I,505,18ff.

tes, die der Mensch – wie Feuerbach meinte – hervorbringe. Es geht auch nicht um eine Statuierung Gottes im freien Felde der Spekulation. Aber es geht um das dem Menschen unumgängliche Sichverlassen auf eine sein Handeln wie dessen Sinn tragende Letztgültigkeit.
Für die Gesamteinstellung Luthers zur Frage nach den Religionen ist es dabei charakteristisch, daß er die allgemeine Meinung, die von Cicero hergeleitet wird, auch anerkennt, daß nämlich kein Volk unter der Sonne so barbarisch und unmenschlich gewesen sei zu meinen, keinen Gott verehren zu sollen, auch wenn in der Weise dieser Verehrung viele Irrtümer unterliefen[3]. Luther steht also auf der allgemeinen Voraussetzung, daß es zum Menschen gehört, einen Gott zu verehren. Er erläutert dies an der gleichen Stelle mit der allen bekannten Achtung vor Eltern und Höherstehenden wie mit der Bestrafung von Verbrechen. Diese Tatsachen weisen auf allgemein menschliche Sachverhalte hin. Sie führen als Kennzeichen jenes zum Menschen gehörigen Verehrens zu einer letzten Instanz über den Ordnungen der Welt.
Dabei ist Luther der Meinung, daß der allgemein menschliche Glaube an einen Gott jedenfalls stets mit dem Glauben an Gott als Hervorbringer verbunden sei. In der Disputation de homine von 1536 geht es um die Erwägung des Satzes, ob und daß die, die Gott erkennen, damit auch seine Hervorbringungs- oder Wirkungskraft erkennen. Dies bezieht sich nach These 13 auf die Philosophie[4], muß aber so verstanden werden, daß damit Gott als creator noch nicht erkannt ist[5].
Am Ende des Fragments ist die Frage nochmals anders gewendet, indem das Wissen der »Heiden« um die causa efficiens hominis so charakterisiert wird, daß sie nicht auf theologischen, sondern auf rein humanen Gründen beruhe[6].
Mit Bezug auf Türken und Juden wird von Luther in einer Promotionsdisputation von 1545 der Satz angenommen, daß sie an Gott als Schöpfer glauben, aber auch hier wird deutlich, daß der Schöpfungsglaube als solcher, der ohne Beziehung auf Inkarnation und Erlösung bleibt, nicht viel wert ist[7].
Der Glaube an Gott als den Schöpfer bei den Türken besagt nicht dasselbe wie eben dieser Glaube im Zusammenhang des christlichen Glaubens. Dies drückt Luther in den Thesen zur Promotionsdisputation von H. Schmeckenstede 1542 etwa so aus, daß nämlich Türken und andere vergebens an Gott

3. WA 39 I,454,5ff.: Nulla natio unquam sub sole tam crudelis aut barbara fuit ac inhumana, daß sie nicht meinte, einen Gott verehren zu müssen, etsi in modo et rationibus colendi Dei aberraverit.
4. WA 39 I,175,88.
5. WA 39 I,177,16f.
6. WA 39 I,180,19ff.
7. WA 39 II,388/389.

als Schöpfer glauben, da sie nicht wissen, daß dieser Gott der Vater Christi sei[8].

Die Tatsache, daß die außerchristlichen Religionen um die Gottheit als Schöpfer wissen, trägt nicht mehr aus als die andere Tatsache, daß die Philosophie um eine causa efficiens weiß. Dies wird an der Mitte des Schöpfungsglaubens deutlich, als die Luther die spätjüdische Lehre von der Schöpfung aus dem Nichts aufnimmt.

In der Promotionsdisputation für Petrus Hegemon äußert sich Luther 1545 eingehend dazu. Die Heiden erreichen den wahren Schöpfungsglauben eben letztlich doch nicht. Zwar können sie Gott als den gubernator der Welt preisen, wie man an Cicero sieht. Aber sie erfassen die Gottesmacht nicht, die aus nichts etwas macht[9]. Luther meint an dieser Stelle, daß die Unmöglichkeit, die Schöpfung aus dem Nichts zu erkennen, durch die Sünde hervorgerufen sei, die die Natur des Menschen eben verblendet habe.

Mit diesen Erwägungen bewegen wir uns im ganzen in dem allgemein von den Humanisten anerkannten Denken, daß es nämlich zum Menschen gehöre, an einen Gott zu glauben, daß dabei die allgemeinen Ordnungen der Familie oder des Staates von Belang seien und daß dieser Gott als Schöpfer geglaubt werde, was jenen philosophischen Reden von der causa efficiens nahesteht. Hierzu gehört auch noch die von Luther bemerkte gute Zivil-Verwaltung der Türken und ihr Friedensregiment. Im Bereich der allgemeinen Ordnungen – und die haben eben mit Gott zu tun – leisten die Türken viel. Darum läßt Gott ihnen auch ihr Reich und ihre Macht[10]. Gott erkennt also die »bürgerliche« Tüchtigkeit im Islam durchaus an. Das heißt, daß der Islam im Bereich dieser vordergründigen Gottesverehrung durchaus eine Anerkennung – offenbar auch bei Gott – findet.

Mit diesen Überlegungen bewegt sich Luther in Gedanken, die seit der Stoa den Rahmen für eine Erörterung der Religionen abgaben und die auch in der Scholastik und im Humanismus bestimmend waren. Luther geht nun aber in der Beurteilung der außerchristlichen Religionen darüber hinaus. Es war wohl die Zusammenordnung von Islam, Judentum und Katholizismus, die Luther den theologischen Beurteilungsgesichtspunkt gab. Luther kennzeichnet nämlich alle drei als Gesetzes-Religion. Dies ist für ihn die sachlich ausschlaggebende Einordnung der außerchristlichen Religionen. Das Gesetz ist dabei so dargestellt, daß sein Verlangen unsere Kräfte nicht übersteigt und daß der Mensch es also aus seinen Kräften und aufgrund seines freien Willens

8. WA 39 II,188,19f.: Frustra Turcae et gentes aliae credunt in Deum creatorem mundi, dum nesciunt, eum esse promissorem vel exhibitorem seminis, imo blasphemant, eum non esse patrem Christi unigeniti filii.

9. WA 39 II,345,24–346,23.

10. WA 39 I,248,9ff.

auch meint erfüllen zu können[11]. Darum stellt Luther – auch in der 2. Disp. gegen die Antinomer – die Türken mit den Pelagianern zusammen und charakterisiert sie als solche, die von der menschlichen Integrität zur Gesetzeserfüllung ausgehen[12]. Daher können Papisten, Türken und alle, die das Gesetz nach Maßgabe der Erfüllung von Anordnungen (opinione iustitiae) lehren, als Leute, die Gott herausfordern, bezeichnet werden[13].

So ist es denn eindeutig, daß für die außerchristlichen Religionen der Verdienstgedanke zentral ist. Luther stellt 1542 die These auf, daß der Glaube von Türken, Juden und Tartaren in der Überzeugung bestehe, daß der Mensch sich die Vergebung der Sünden und das ewige Leben selbst verdienen könne[14]. Diese Meinung widerspricht dem christlichen Glauben am tiefsten. Luther nennt sie sophistisch[15].

Aber diese Ansicht hat noch eine weitere Folge. Wenn man das ewige Leben und die Gerechtigkeit vor Gott mit Handlungen verdienen kann, die den Gesetzen folgen, dann können in den außerchristlichen Religionen alle Tüchtigkeiten, alle politischen oder staatlichen Vorgänge wie aller Gehorsam in den Glauben eingeschlossen werden[16]. Die Werke des Menschen gehören unmittelbar in den Glauben hinein, weil das, was man Glauben nennt, in Werken besteht. In der Disputation über das »hochzeitliche Kleid« von Mt 22, die 1537 das Lohn- und Rechtfertigungs-Problem anging, stellt Luther zu der von Melanchthon gestellten These, daß es ein gewisses Verdienst der guten Werke gebe, unter anderem fest, daß jedenfalls das viele Gutes-Tun den Türken kein ewiges Leben bringe[17]. Damit ist der Anspruch der außerchristlichen Religionen, das Leben durch Werke zu vermitteln, bestritten. Damit sind die Religionen in ihrem Kern verneint.

Zu diesen Überlegungen müssen wir noch zwei Dinge bemerken: Erstens gibt Luther in den Disputationen an, worin die Überzeugung der außerchristlichen Religionen, daß der Mensch durch Erfüllung des Gesetzes gerecht werden und das Leben erringen könne, letztlich begründet ist. Diese Überzeugung setzt nämlich voraus, daß die außerchristlichen Religionen die Sünde des Menschen nicht ernstnehmen. Die Thesen Luthers zur 3. Disputation gegen die Antinomer beschäftigen sich mit dieser Frage. Die 1. These eröffnet diese

---

11. WA 39 I,419,4–14.
12. WA 39 I,420,7.
13. WA 39 I,480,15ff.
14. WA 39 II,189,13ff.: Nos ipsos ex nobis ipsis posse mereri remissionem peccatorum et vitam aeternam, sicut credunt Turcae Iudaei et Tartari.
15. WA 39 I,255,8.
16. WA 39 I,206,14f.
17. WA 39 I,317,1f.: Aliquod meritum bonorum operum gebe, unter anderem fest: Certe Turcis et hypocritis, etiamsi multum benefaciunt, tamen non dat vitam aeternam etc.

Überlegungen mit einer Besprechung der Buße. Die Buße der Papisten, Türken, Juden und aller Ungläubigen, meint Luther, sei im ganzen ähnlich. Diese Buße bezöge sich auf einzelne aktuale Taten und ihre Wiedergutmachung. Aber das sei ja nicht das Entscheidende. Vor allen bösen Taten und einzelnen Sündhaftigkeiten des Menschen liege ja die Ur-Sünde. Diese Ur-Sünde als Zerrüttung der ganzen menschlichen Natur sei aber da übersehen, wo man meine, mit Wiedergutmachung arbeiten zu können[18]. Darum kann diese poenitentia nur an den Symptomen herumoperieren und so tun, als sei sie in der Lage, »etwas« zu wirken. Auch in der praefatio zur 3. Disputation gegen die Antinomer geht Luther auf diesen Sachverhalt ein[19].

Die Tatsache, daß die Tiefe des peccatum in den Religionen übersehen wird, macht es allererst möglich, daß die Religionen die Werke des Menschen so optimistisch beurteilen können.

Zweitens kann Luther den tiefen Unterschied zwischen den Religionen und dem christlichen Glauben aber auch darin wiedergeben, daß Juden wie Türken als iustitiarii, Gott an sich zu traktieren suchen, damit aber in der Verzweiflung landen[20].

Der Gegensatz zu Gott an sich – dem deus nudus – liegt für Luther in dem Gott, der sich im Wort gegeben hat – dem deus verbosus. Es kommt Luther in dieser Charakterisierung darauf an, daß der Gott im Wort täglich zu uns redet. Er ist ein naher Gott. Demgegenüber ist der Gott der Türken ein »stummer Gott«[21]. Gott an sich bleibt stumm. Wir aber sind auf sein Wort angewiesen. Sonst müssen wir in die Irre gehen. Mit diesen Bestimmungen des Gegensatzes zwischen dem Deus nudus und dem Deus verbosus ist das Komplement zu jener Mißachtung des peccatum originale genannt. Jenes peccatum als tiefste Bestimmung des menschlichen Daseins läßt sich ja nicht rationaliter erschließen. Man kann es sich nur gesagt sein lassen. Der Deus verbosus eröffnet diese Sicht des Menschen. Damit aber ist die Voraussetzung und der erste Schritt zum Glauben eröffnet.

Die Disputationen geben also ein sehr klares Bild, wie Luther von den außerchristlichen Religionen urteilt: Sie stehen dem christlichen Glauben als der Annahme des Evangeliums entgegen, denn sie predigen das Gesetz. Dazu müssen sie den Menschen für fähig erklären, das Gesetz auch erfüllen zu können, und so verfälschen sie sein Bild. Sie führen letztlich in die Verzweiflung und nicht zur Gewißheit.

---

18. WA 39 I,350,8ff.
19. WA 39 I,496,7–12.
20. WA 39 I,391,7ff.
21. WA 39 II,199,12ff.: Talem Deum verbosum nos quoque habemus. Loquitur nobiscum quotidie per ministros sui verbi et sacramenta sua. Papistae vero et Turcae mutum habent Deum; ergo non credunt.

2. Philipp Melanchthon

Melanchthon hat 1559 keine klarere Vorstellung von den außerchristlichen Religionen als Luther. Er stellt die Mahometistae oder auch Turci mit den Judaei oder auch mit den Wiedertäufern zusammen. Er sieht sie als haeretici und Pelagianer. Aber er tradiert auch noch die mittelalterliche Anschauung, daß Mohammed ein zweiter Arius sei bzw. daß der Islam letztlich auf Arius zurückgehe. Man merkt bei Melanchthon freilich eine eingehende Bekanntschaft mit antiken Mythen, Philosophien und geschichtlichen Ereignissen. Er zitiert antike Personen – die heroici viri – Philosophen und Göttergeschichten ziemlich viel. Ja, er nimmt für die Ethnici, gentes und ihre Religionen im wesentlichen aus dem antiken Bereich seine Kenntnisse[22].
Was bei Melanchthon gegenüber Luther stark hervortritt, ist die theoretische und systematische Einordnung der Gedanken. Hinter den melanchthonischen Gedanken zu den Religionen steht das große Modell naturrechtlichen Grundgefüges. Man kann eben davon ausgehen, daß bestimmte Kenntnisse dem menschlichen Bewußtsein gegeben sind[23]. Diese Kenntnisse sind gemäß einer vulgaris divisio zwiefach. Einmal sind es die evidenten Grundsätze der Mathematik, der Logik und der Physik. Sodann sind es die gar nicht evidenten principia practica, wie der Unterschied zwischen ehrenvoll und schimpflich oder der Satz, daß Gott zu gehorchen sei. Diese Prinzipien sind durch den Sündenfall unsicher geworden. Sie sind nicht ausgelöscht. Aber sie sind unsicher geworden. Die notitia naturalis ist nicht mehr eindeutig, wie ein mathematischer Satz[24]. Dies gilt zumal für die außerchristlichen Religionen, die stets betonen, sie könnten ja nichts davon wissen. Ihre Götzenkulte widersprechen offenkundig der naturalis notitia, die klarmacht, Gott sei einer und Gott sei ohne die Schlüpfrigkeiten zu verehren, die in den Bacchanalien und anderen schändlichen Kulthandlungen im Brauche waren[25]. Dies könnten die Verehrer solcher Kulte auf Grund der notitia insita wissen. Sie haben daher keine Entschuldigung, sondern sie stecken in Todsünden und in Verfehlungen, die sie gegen ihr Gewissen begehen[26]. Das Wissen um Gottes Einzigkeit und Verehrungswürdigkeit gehört zu den mit dem Menschen gesetzten Kenntnissen. Man kann den außerchristlichen Menschen dabei behaften.

22. StA II,171,26.
23. StA II, 313,98.
24. StA II,314/316.
25. StA II,473,16–28.
26. StA II,473,7f.

Freilich, durch den Sündenfall ist in dieser religiös-ethischen notitia eine Trübung eingetreten. Daher sind diese principia practica nicht mehr unangefochten. Daher auch herrscht in den Religionen Unsicherheit, was von den Göttern zu erwarten sei. Diese Feststellung kehrt in den Loci am häufigsten in den Besprechungen der außerchristlichen Religionen wieder: Außerhalb des Christentums gibt es keine Gewißheit. In der Einführung zur Gotteslehre kommt Melanchthon sofort auf diesen Sachverhalt zu sprechen. Das Menschengeschlecht ist auf die Verehrung Gottes angelegt, und eine firma notitia Dei wäre ohne das Eintreten der Sünden den Menschen eigen gewesen. Aber nun – in hac corruptione naturae – irren die Menschen in den Fragen herum, ob ein Gott sei und ob es eine providentia gebe, und was der Wille Gottes sei. Obwohl die Menschen also wissen, daß Gott existiert und daß ihm Gehorsam gebührt, so quälen sie sich doch mit schrecklichen Zweifeln. Diese Zweifel rühren daher, daß sie sehen, wie Gute und Böse gleichermaßen durch Unheil betroffen werden[27]. Diese Ungewißheit gilt auch da, wo in den außerchristlichen Religionen Gott als der letzte Grund des Seins anerkannt wird: Wo der Mensch angesichts des gewaltigen Weltwerkes von Gott als dem auctor weiß, da muß man auch noch sagen, daß das nicht zureicht, denn es bleibt dennoch der Zweifel, ob Gott der Schöpfer wirklich für uns sorgt, und zumal, wie er verehrt werden will[28].
In dieser tiefgreifenden horrenden Unsicherheit der außerchristlichen Religionen findet Melanchthon ihren tiefsten Schaden. Man kann in dieser dubitatio den zentralen Unterschied zwischen der Kirche und den Juden, Mohammedanern und Pelagianern angegeben finden, denn wer den Menschen auf Gesetz und Disziplin verweist, der veranlaßt ihn, über die Vergebung zu zweifeln[29]. Diese dubitatio aber ist offenkundig heidnisch[30]. Freilich wenden sich die Heiden betend an Gott. Aber sie tun das in dem Zweifel, ob Gott sie und ihre Gebete annimmt[31]. Auf diese Ungewißheit also legt Melanchthon das ganze Gewicht des Unterschiedes zwischen dem Christentum und den außerchristlichen Religionen.
Dabei muß man sich nach Melanchthon darüber klar sein, daß die außerchristlichen Religionen wie die Häretiker von den Einsichten abgefallen sind,

---

27. StA II,173,13–20: Et quamquam esse Deum et praecipere obedientiam iuxta discrimen honestorum et turpium impressum humanis mentibus ... tamen horrenda dubitatione cruciantur animi, quia vident saepe opprimi pariter bonos et malos ingentibus calamitatibus.
28. StA II,286,2–8: manet tamen dubitatio, an ille conditor Deus nos curet, exaudiat, an sic velit coli et quomodo velit coli.
29. StA II,353,14–18.
30. StA II,356,12.
31. StA II,376,30f.

die die Patriarchen besaßen[32]. Das ist das Interessante an dieser Position. Es gibt für Melanchthon kein Heidentum in dem Sinne, daß die Grundlagen zwischen den Religionen verschiedenartig sind. Die Grundlagen sind für alle gleich, und Mohammed war letztlich eben auch primär Häretiker. Die Überzeugung der kirchlichen Wahrheit gründet in der ursprünglichen Kundmachung Gottes, das zeigt das Alte Testament, und das ist – wie Melanchthon meint – ein wichtiges Stück christlichen Selbstbewußtseins. Der Abfall der heidnischen Religionen von der einen gemeinsamen Grundlage des allgemein menschlichen Gotteswissens führt diese Abgefallenen in die Notwendigkeit, immer neue Götter entdecken zu müssen[33]. Die prima doctrina ist von den außerchristlichen Religionen verlassen. Die freien Erfindungen beginnen. Dies veranlaßt Melanchthon zu der Überlegung, warum die promissio des Abendmahls mit öffentlichen Riten verbunden sei. Die Antwort ist, daß die Riten auf Grund ihrer äußeren Haltbarkeit das Gedächtnis besser stützen, und dazu fügt er die religionsgeschichtlich interessante Bemerkung, daß die Riten durch ihre Öffentlichkeit und Geprägtheit längere Dauer besitzen. Sie beweisen in ihrer Ähnlichkeit zu christlichen Riten, daß eine ursprüngliche gemeinsame Wahrheit dahinterliegt. Zwar ist der Inhalt der Riten verdorben[34].
Dieser Abfall der außerchristlichen Religionen von der doctrina Patrum verändert also den Grundbestand. Gleichwohl erlaubt die These von den erhaltenen Riten die Erklärung bestimmter Analogien. Der Abfall der außerchristlichen Religionen von der Wahrheit wird von Melanchthon stets in der ihm eigenen Doppelhinsicht auf die essentia divina einerseits und auf die voluntas divina andererseits erfaßt. In der Begründung der Gotteslehre stellt Melanchthon fest, daß durch die revelatio verbalis des Alten und Neuen Testamentes klar geworden sei: Quis sit Deus et quae sit voluntas eius. Die Christen haben ihren Glauben in der klaren Begründbarkeit und eindeutigen Beantwortbarkeit dieser beiden Fragen. Darin ist die Wahrheit dieses Glaubens angelegt und somit die Scheidung von den außerchristlichen Religionen[35]. Melanchthon führt aus, daß die Türken zwar vorgäben, einen Gott an-

32. StA II,171,18ff.: Ethnici, amissa luce doctrinae patrum, horrendis et variis furoribus agitati sunt, mactarunt humanas hostias, coluerunt priapos, prostituerunt coniuges et virgines, ut idola placarent.

33. StA II,440,15ff.: Postea vero gentium religiones exortae sunt, alibi aliis fingentibus novos Deos et novos cultus, relicta prima doctrina. Nec norunt graeci aut alii suarum religionum auctores, et quotidie horribili licentia fingebant novas, nunc sacra Bacchi nunc Dianae.

34. StA II,520,5f.: Nam ritus incurrentes in oculos sunt diuturniores, ut videmus Ethnicos etiam retinuisse ritus acceptos a Patribus, amissa doctrina Patrum, quos ritus tamen corruperunt, cum subinde novas opiniones et nova idola fingerent.

35. StA II,175,27f.: Praecipue enim duabus gravissimis quaestionibus differt vera invocatio a falsa: quaestione de essentia et quaestione de voluntate.

zurufen, aber dennoch in die Irre gehen müßten, da sie den Sohn als Mittler leugnen. Das heißt, sie irren betr. der essentia Dei. Da sie nun den festen Grund des Glaubens an Christus nicht haben, so irren sie auch de voluntate: Sie bleiben in jener ewigen Unsicherheit über den Heilswillen Gottes.
Diese Überlegungen haben keineswegs nur theoretische oder theologische Bedeutung. Sie sind vielmehr für die Lebenspraxis des Glaubens z. B. als Gebet von ausschlaggebender Wichtigkeit. Melanchthon legt die beiden discrimina von essentia und voluntas mit Bezug auf das Gebet dar. Es ist ja auch denkbar, daß ein Gebet auf dem unsicheren Boden einer Heilsungewißheit wirkliches Gebet sein kann. Melanchthon erinnert an die Plutarch-Stelle, wo von der Jupiter-Statue die Rede ist, die ohne Ohren und Augen wenig geeignet sein kann, Gebete zu erhören[36]. Schon in der Disputation von Th. Fabricius im Jahre 1544 hat Melanchthon den Gesichtspunkt dieser beiden Erstreckungen auf essentia und voluntas geltend gemacht[37]. Weil dieser Grundirrtum besteht, so irren Ethnici und Turci stets, so viel sie sich auch um Gotteserkenntnis bemühen. Letztlich muß man auf Grund dieses Irrtums sagen, daß sie sich ihre Götter aus reiner Spekulation bilden[38]. Das ist ja auch nicht anders denkbar. Sie haben den festen Grund, auf dem auch ihre Gottes-einsicht einst aufbaute, verlassen, und so sinken sie in leere Spekulation.
Es liegt auf der Hand, daß die außerchristlichen Religionen mit all ihren Fiktionen dem Menschen, der stetig vom peccatum angefochten wird, nicht wirklich helfen können. Wir wissen es ja; daß der Heilige Geist allein verhindert, daß wir nicht in viel schlimmere moralische Verdüsterung fallen. Das zeigen die moralischen Verwirrungen der außerchristlichen Religionen, wie man sie damals für gegeben ansah und kolportierte[39].
Melanchthon hat, wie wir sehen, oft Gelegenheit genommen, die ethische Seite der außerchristlichen Religionen zu bedenken. Gewiß, er denkt auch – wie Luther – an manchen Stellen daran, daß jene fatale Heilsunsicherheit eine Folge der Gesetzlichkeit der Religionen sei[40]. Aber dies ist für Melanchthon kein gravierender Gesichtspunkt. Das kann darum wohl nicht der Fall sein, weil für ihn das Grundmodell, in dem er denkt, dies ist, daß am Anfang die eine und ganze Wahrheit, die auch im Naturrecht sich kundtut, da war. Aus dieser Wahrheit sind die Ethnici et gentes ausgewandert. Damit fangen die Spekulationen und Unsicherheiten an. Dies aber führt in die tiefe confusio morum, wie die antiken Religionen sie zeigen. Aber auch am Koran meint Melanchthon

---

36. StA II,651 f.
37. WA 39.II,260,7 f.
38. StA II,179,15: Fingunt sibi conditores suis speculationibus.
39. StA II,241,20 ff.: Nisi iuvaremur Spiritu Sancto, multo tristiori lapsus et atrociores confusiones morum acciderent, ut fuerunt et sunt Ethnici et Anabaptistici furores.
40. Vgl. StA II,347 f.

zeigen zu können, wie aus dem Grundirrtum des Gegensatzes zu Christus ein mandatum de latrocinio ebenso folgt wie eine turpitudo libidinum[41]. So kann Melanchthon auch den Versuch machen zu zeigen, wie Alexander der Große trotz bester Absichten auf Grund seines religiösen Grundirrtums zu Mord und bösen Verirrungen geführt wurde[42]. Die Sittlichkeit zersetzt sich mit dem religiösen Irrtum. Die Wertung der Gesetzlichkeit der Religionen ist von hier aus zu verstehen. Da die Heiden das Evangelium verloren, so sanken sie auf die doctrina legis ab (566,20ff.). Dieser Gedanke, daß die außerchristlichen Religionen auf die Seite des Gesetzes gehören, ist bei Melanchthon also typisch andersartig begründet und gewendet als bei Luther. Für Melanchthon führt der Abfall von der grundmenschlichen Urwahrheit zu Spekulationen. Diese führen zur Zersetzung der Sitte. Die Zerrüttung der Sitten erzwingt das Gesetz.

Die Besonderheit der Anschauung Melanchthons wird in einem eigentümlichen Versuch klar, den Melanchthon unternimmt, um die verschiedenen Grade der Sünden gegen das erste Gebot festzulegen. Der erste Grad sind Epicuräer und Akademiker, die leugnen oder bezweifeln, daß Gott sei ... etc. Die größte Menge der Menschen gehört zu diesen. Der zweite Grad sind die, die Götzenbilder verehren und wie die Heiden viele Götter bilden. Hierher gehört auch die Heiligen-Verehrung. Der dritte Grad sind die Magier, qui pacta faciunt cum diabolis hostibus Dei. Hierher gehört aller Aberglaube. Der vierte Grad sind Juden, Philosophen, Haeretiker und Mohammedaner, die sich auch ihre Götter ausdenken und die Anerkennung des christlichen Gottes verweigern. Der fünfte Grad sind die, die Gott nicht durch Christus als Mittler anrufen wollen. Sie folgen lieber Heiligen, Messen und anderen Werken. Der sechste Grad sind die Abtrünnigen wie Judas oder Julian. Der siebte Grad sind die Verzweifelnden wie Saul. Der achte Grad ist die Trägheit, das Wort nicht hören zu wollen. Der neunte Grad sind die Heuchler wie Nabal. Der zehnte Grad ist die superbia, die Alexander den Großen hinabriß. Die heroici viri sind dafür stets und besonders anfällig. Der elfte Grad ist die impatientia, die sich weigert, Gottes Strafen gehorsam anzunehmen[43].

Diese Stufenleiter der Abwendungen der Menschen vom 1. Gebot ist in mehr als einer Hinsicht interessant. Die denkenden Gotteszweifler stehen am harten Beginn. Sie übersteigen die außerchristlichen Religionen in der Gottesferne. Das Besondere an dieser Aufstellung ist aber wohl die Einsicht, daß das menschliche Denken wie das menschliche Empfinden und Vermögen in verschiedenen Formen, mit diesem Gott nicht zurechtzukommen, mit den außer-

41. StA II,307,1–15.
42. StA II,463,15f.
43. StA II,291ff.

christlichen Religionen wie dem Aberglauben auf einer Linie gesehen werden kann. Der Christ, der die Strafen Gottes nicht gehorsam annimmt, steht auf der einen Stufenleiter mit dem Gottesleugner, dem Heiden, dem Abergläubischen wie dem Häretiker. Es wird in dieser Liste auch noch einmal klar, daß Melanchthon viel eindeutiger als Luther den Islam zu den christlichen Häresien stellt – auch hier in Nachbarschaft der Arianer. Luther hatte mit seinem Kriterium des Gesetzes einen sachbezogenen Maßstab. Melanchthon ordnet von seinen anthropologischen Einsichten aus.

3. Johannes Calvin

Die Besprechung der Behandlung der außerchristlichen Religionen in der Ausgabe letzter Hand der Institutio Religionis Christianae von Calvin, die wir nach ihren Büchern, Kapiteln und Abschnitten zitieren, ist recht schwierig. Sie ist so schwierig, daß sich die Kontroverse zwischen Emil Brunner und Karl Barth 1934/35 an der Deutung dieses Sachverhaltes auslegen könnte. Sie ist darum so schwierig, weil Calvin auf zwei Ebenen arbeitet. Einerseits bezieht er – seiner theologischen Einsicht über den Glauben zufolge – die ganze Frage nach der Wahrheit der christlichen Religion auf die Frage der Gotteserkenntnis. Die fides ist vor allem cognitio. Die cognitio Dei gibt den Ausschlag über wahr und falsch. Andererseits sieht sich Calvin veranlaßt, mit einem sensus divinitatis zu arbeiten, der als libido dazu treibt, Götzen zu machen und sie bildhaft zu gestalten. Das heißt, daß Calvin, wenn er von den Religionen spricht, auf einer rationalen Überlegungsebene arbeitet und zugleich eine vitale Komponente daneben im Auge hat. Beides geht nicht so auf, daß sich ein völlig einheitliches Bild ergeben könnte.
Die Schwierigkeit der Bewertung der Aussagen Calvins über die Religion ist aber auch noch durch eine andere Beobachtung zu erklären. Calvin spricht nämlich fast niemals ganz eindeutig von den außerchristlichen Religionen. Fast stets ist zugleich von dem die Rede, was auf Grund der Schrift gilt. Das kann man zumal an den Kapiteln des I. Buches erkennen, in denen die zwiefache cognitio Dei erörtert wird. Im 2. Kapitel geht Calvin im 1. Abschnitt davon aus, daß von Dei notitia (!) erst gesprochen werden kann, wo nicht nur das Dasein Gottes gemeint wird, sondern wo der Mensch auch festhält, was

zu Gottes Ehre gehört. Diese etwas undeutliche Bestimmung erläutert Calvin im folgenden Satz so, daß von cognosci (!) Deum nur da die Rede sein könne, wo religio und pietas sind. Diese Sätze sind weder eindeutig auf die Religionen noch nur auf das Christentum beziehbar. Das zeigt die Fortsetzung. Calvin fährt nämlich fort, er denke hierbei noch gar nicht an die Erkenntnis der Erlösung – was also möglich wäre –, sondern er rede nur von einer uranfänglichen und einfachen (simplex) Spezies der Kenntnis, zu der uns der ordo der Natur führen würde, wenn er unversehrt geblieben wäre. Aber durch Adam ist der naturae ordo gestört[44].

Das heißt also, er spricht von einer ersten und einfachen Form der Gotteskenntnis, die es in Wirklichkeit – auch in der Wirklichkeit der Religionen – nicht mehr gibt. Der genuinus naturae ordo ist mit dem Fall Adams vergangen. Mit dieser Position hat Calvin einen Standpunkt bezogen, der den Religionen ebenso wie dem Christentum jenseitig ist, aber auf beide in bestimmter Weise auch zutrifft. Das ergibt die Schwierigkeit, in diesen Erörterungen stets zugleich auf die Religionen wie auf das Christentum gewiesen zu sein. Man kann die Stärke Calvins hierin auch so beschreiben, daß er es grundsätzlich vermieden hat, diese prima et simplex species notitiae entweder mit den Religionen gleichzusetzen oder als eine Gegebenheit der pura naturalia hominis anzusehen. Er redet von dieser ersten species der Gotteskenntnis. Aber diese Rede ist praelapsarisch und fiktiv. Gleichwohl ist diese Theorie die Grundlage für das Verständnis der Religionen wie des Christentums.

Grundlage ist das Postulat der ersten species der Gotteskenntnis, und zwar als das vitale Element des sensus divinitatis. Im 5. Kapitel des II. Buches erörtert Calvin die Einwände gegen die Lehre vom unfreien Willen. Dabei kommt er im 19. Abschnitt auf Lk 10 zu sprechen. Dieses Gleichnis ist allegorisch so gedeutet worden, daß der von den Räubern halbtot Geschlagene das Elend des Menschengeschlechtes darstellt: Der Mensch ist also in puris naturalibus nur halbtot. Er hat also noch ein wenig Vernunft und ein wenig Willen. Calvin ficht diese ganze Allegorie mit Recht an. Er sagt dann aber, wenn man sich nun einmal auf diese Allegorie einlasse, was ergäbe sich dann. Freilich habe der Mensch mentem intelligentiae capacem, auch wenn er zu der himmlischen und geistlichen Weisheit keinen Zugang habe. Er habe auch ein gewisses Urteil über die Ehrenhaftigkeit. Er habe auch einen gewissen divinitatis sensum, wenn er auch die wahre Einsicht in Gott nicht erreiche. Hier taucht also der sensus divinitatis auf, den der natürliche Mensch hat. Der Mensch dringt mit seinem Verstand nicht in die göttlichen Dinge ein. Aber auch der sensus divinitatis – er gehört zur prima ac simplex species notitiae – hilft ihm

---

44. Inst. I,2,1: Mentem hominis sit alienatam prorsus a Dei iustitia, ut nihil non impium, contortum, foedum, impurum, flagitiosum concipiat, concupiscat, moliatur.

nicht. Es gilt, so fährt Calvin fort, dennoch sei die Natur verdorben. Es bleibt eben trotz dieser Zugaben dabei, daß der Menschen Denken und Sinnen von Gottes Gerechtigkeit weit entfernt sei, daß er nichts als Gottloses und Unsauberes ins Auge fassen und begehren könne.

Diese Besprechung von Lk 10 ist sehr typisch. Calvin kann durchaus den sensus divinitatis annehmen. Das ändert nichts an der völligen Trennung des Menschen von Gottes Wahrheit und Gerechtigkeit. Das Eigentümliche an dieser Schlußfolgerung ist, daß von Calvin die den Humanisten und Reformatoren bekannte Annahme, daß der Mensch – wie immer geartet oder benannt – eine Anlage oder ein Wissen zu Gott oder von Gott habe, anerkennt, daß er aber daraus nicht die Schlußfolgerung zieht, daß der Mensch damit in irgendeiner positiven Weise zu Gott bestimmt sei. Dies wundert einen, da Calvin z. B. sagen kann, daß der sensus für die Tugenden Gottes ein geeigneter Lehrer der Frömmigkeit sei. Aus dieser Frömmigkeit aber entsteht die Religion. Calvin erläutert hier auch diese Frömmigkeit noch, er verstehe darunter die mit Liebe verbundene Verehrung Gottes, die ihren Grund in der Kenntnis seiner Wohltaten habe[45].

Diese Sätze sind eindeutig auf die christliche pietas und religio gerichtet, das zeigt die reverentia. Aber der sensus, von dem im Anfang die Rede ist, ist der sensus der prima notitia, von der in diesen Zeilen auch ganz ausdrücklich die Rede sein soll. Calvin gleitet hier also – wie auch sonst – wie von ungefähr in die Erörterung der vera religio christiana hinein, so daß sich kein ganz klares Bild geben läßt.

Calvin befaßt sich mit diesen Fragen nochmals bei der Anthropologie. Der Grundsachverhalt ist dabei: Die Sünde hat den Menschen verdorben – aber doch weder den Verstand noch den Willen des Menschen beseitigt. Von hier aus bespricht Calvin im II. Buch (II,18–22) die Frage, wie weit der menschliche Verstand und Wille denn noch in der Lage seien, sich zu Gott in ein Verhältnis zu setzen. Zunächst geht es nochmals um das Problem, wie weit der Mensch Gott und sein väterliches Wohlwollen kennen könne, und sodann, wieweit er die ratio besitzen könne, sein Leben nach dem Gesetz zu ordnen. Den außerchristlichen Religionen und zumal ihren Denkern hat der Herr zwar ein geringes Empfinden (gustus) seiner Gottheit gewährt[46]. Aber, so meint Calvin, wenn sie von hier aus etwas sahen, so sahen sie es so, daß sie durch solche Schau keineswegs zur Wahrheit gelenkt wurden. Er wählt hier das Bild von dem Blitz, der eine nächtliche Landschaft zwar momentan erleuchtet, aber

45. Inst. I,2,1: Nam hic virtutum Dei sensus nobis ideoneus est pietatis magister, ex qua religio nascitur. Pietatem voco coniunctam cum amore Dei reverentiam quam beneficiorum eius notitia conciliat.
46. Inst. II,2,18.

der mit seinem Moment-Licht keinem auf den rechten Weg hilft. Und zumal von »jener Gewißheit des göttlichen Wohlwollens« wissen sie gleich gar nichts. Die Vernunft kann also de facto gar nichts von Gott und seinem Willen zu uns erfassen. Zwar muß man sagen, daß das göttliche Licht in der Finsternis die Seelen anstrahlt – hominis animam fulgore divinae lucis irrediari – daß also in der Seele die flamma und wenn auch nur als scintilla nie ganz erlösche, aber daß der Mensch ea illuminatione Gott eben doch nicht erfassen könne. Des Menschen Scharfsinn ist – soweit er Gottes Kenntnis betrifft – völlige Finsternis[47].

Wir sehen hier den gleichen Sachverhalt also, daß Calvin durchaus zugibt, daß Gottes Licht in der Finsternis leuchtet. Er zitiert dazu Joh 1,4f. Aber dieses Leuchten trägt gar nichts aus. Ja, man kann gerade von hier aus sagen, daß Calvin sich in der Zugabe dessen, was den natürlichen Menschen betrifft, durchaus humanistisch orientiert. Aber diese Einsichten werden nicht verfolgt, sondern abgebrochen. Wir brauchen den Überlegungen an dieser Stelle nicht ganz zu folgen.

Wir vergewissern uns noch im 22. Abschnitt über die Frage des Gesetzes im Verhältnis zum Willen. Calvin geht hier von Röm 2,14f. aus. Er räumt ein, daß man sicher nicht sagen könne, daß die Heiden in vitae ratione völlig blind seien. Es gibt eben eine lex naturalis, die gemäß dem Pauluswort besagt, hominem sufficienter ad rectam vitae normam institui[48]. Calvin sagt sogar, daß die lex naturalis das Gewissen sufficienter instand setze, zwischen gerecht und ungerecht zu unterscheiden. Aber, Calvin zieht daraus nun nicht den Schluß, daß daher der Mensch in seinen staatlichen oder religiösen Normen so oder so auf dem rechten Wege sei. Er zieht vielmehr den Schluß, der Mensch sei darum vor Gott unentschuldbar. Er könne sich ja nicht auf Unkenntnis berufen.

Es wundert also nicht, im I. Buch eine längere Passage[49] zu finden, in der Calvin deutlich macht, daß der sensus divinitatis dem menschlichen Geist unverlierbar und unzerstörbar eingegraben sei. Daher sei naturaliter die Überzeugung eingeboren: esse aliquem Deum.

Freilich versuche die Welt dieses Wissen zu überdecken oder zu verlachen. Aber trotzdem könne keiner dies Wissen übergehen, denn es meldet sich ganz von selbst. Mit Plutarch urteilt Calvin: In diesem urtümlichen Wissen sei auch die Zielbestimmung alles menschlichen Daseins angelegt, daß der Mensch um willen der Gotteserkenntnis Mensch sei. Wer dieses Ziel verliere, rücke unter das Tier.

Mit diesem sensus also ist nun nach Calvin ein semen religionis in den Men-

---

47. Inst. II,2,19.
48. Inst. II,2,22.
49. Inst. I,3,3.

schen gelegt[50]. Das bezeugt die Erfahrung (!). Das Bild vom semen religionis, das Calvin in diesen Kapiteln gebraucht, erweckt die Vorstellung, daß Calvin die Religionen wie das Christentum aus diesem semen erwachen lasse. Aber das tut Calvin nicht. Der sensus divinitatis als notitia Dei ist zwar ein semen religionis. Aber religio folgt nicht daraus. Es folgt vielmehr der Nachweis, daß das semen religionis total zerstört sei, und daher kommt es, daß in der Welt keine rechte Frömmigkeit bleibt[51]. Man kann dazu allerdings die Frage stellen, wieso Calvin sagen kann, daß die Erfahrung bezeuge: inditum esse divinitas religionis semen, wenn dieses semen total vernichtet ist. Man kann auch fragen, wie der sensus divinitatis unzerstörbar dem Menschen eingeboren sein soll, wenn alle Wirksamkeit dieses sensus gleich Null ist. Offenbar stellt Calvin es sich so vor, daß die Menschen ständig gegen das semen religionis in sich selbst ankämpfen. Ein solches Beispiel gibt Calvin bei der Besprechung der Gotteserweise in der Natur und im Menschen. Diese Gotteserweise nimmt der Mensch nicht zum Anlaß, Gott anzuerkennen. Es gibt vielmehr heute viele unnatürlich handelnde Geister (prodigiosos spiritus), die totum divinitatis semen in natura humana sparsum zur Vernichtung des Handelns Gottes verwenden. Sie tun das, indem sie die Natur überall da wirkend einsetzen, wo es Gottes Wirken anzuerkennen gilt: Naturam substituunt in locum Dei[52]. So ist die Philosophie mit der Religion dabei, das semen religionis zu zerstören. Obwohl die Menschen also gezwungen sind, irgendeinen Gott anzuerkennen, so entleeren sie doch seinen Ruhm, indem sie Gottes Macht leugnen[53]. Der Mensch kämpft gegen die bessere Überzeugung in sich selbst an. Damit aber – und das steht auch hier dahinter – machen sich die Menschen unentschuldbar. Die Religionen sind Phantasiegebilde, mit denen der Mensch gegen sein besseres Grundwissen sich selbst erhöhen will. Die Gottesfurcht, die in den Religionen beobachtbar ist, bessert nichts. Letztlich geht man eben doch nur den eigenen Lüsten nach. Die necessitas, die in diesem Geschehen waltet, zeigt – wie Calvin meint – die Richtigkeit des Ansatzes, daß dem Menschen von Natur der sensus deitatis eingegeben sei[54].

Das, was die Menschen in den Religionen in Bewegung setzt, Götter zu erfinden, ist das semen religionis – aber in seiner Verkehrung. Statt die Werke Gottes als Aufstieg zu Gott zu nutzen, vergöttlicht man die Werke selbst, und das Ergebnis ist so völlige Unklarheit, daß man schließlich meint, es sei überhaupt kein Gott[55]. Der Mensch hat eben, wie Calvin feststellt, eine »starke Neigung«

---

50. Inst. I,4,1.
51. Inst. I,4,1.
52. Inst. I,5,4.
53. Inst. I,4,2.
54. Inst. I,4,4: Naturaliter insculptum esse deitatis sensum humanis cordibus.
55. Inst. I,15,12.

(O. Weber) dazu, Gott zu vergessen. Der Mensch hat einen Hang zu Irrtümern. Und der Mensch hat eine libido, immer neue ideologische Übersteigerungen als seine Religion zu erdenken[56]. Das ist das Bild, das Calvin zeichnet. Die Neigung, Gott zu vergessen, wie der Hang zu Irrtümern, führen zu der libido, Religionen zu fingieren. Der Kern dieser libido ist jener sensus am Anfang, gegen den der Mensch ankämpft. Die dabei entstehende Verwirrung, die Furcht und Ratlosigkeit auslöst, führt zu der Bildung immer neuer Religionen. Dies verbindet sich mit dem rohen Wahn, der durch die ganze Welt verbreitet ist, daß der Mensch seine Götter nämlich in sichtbaren Figuren vor sich haben will – ein für Calvin besonderer Greuel[57]. Daß der Mensch für seine Götter also sichtbare Gestalten haben will, das kann die verschiedensten Formen annehmen: Die Perser haben die Sonne verehrt, andere haben die Sterne als Götter angebetet. Die Ägypter haben Tiere als Götter verehrt, und die Griechen waren noch die Klügsten, insofern sie Götter in Menschengestalt verehrten. Diese ganze Bildverehrung zeigt, daß des Menschen Intention und Vorstellung sozusagen eine unablässige Götzenbilder-Fabrik sei[58]. Man kann das auch so sagen: Mens igitur idolum gignit, manus parit[59]. Die Bilder aber führen zur Anbetung. Man muß dabei nach Calvin darüber klar sein, daß die außerchristlichen Religionen durchaus in dem Bewußtsein lebten, daß diese Bilder nicht einfach die Gottheit waren. Sie wähnten, daß eine gewisse göttliche Kraft in den Bildern wohnte[60]. Aber sie banden diese Kraft eben an das Bild, und damit war die Abgötterei da. Auch diese Verwicklungen kennzeichnet Calvin als einen unausweichlichen Prozeß, der den Menschen immer tiefer in sich verstrickt. Diese Prozesse ziehen den Menschen immer tiefer in die Verwirrung – de facto: in die Unentschuldbarkeit.

Eine etwas andere Theorie trägt Calvin im 12. Kapitel des I. Buches vor: Er sieht es hier so, daß die Grundüberzeugung des Menschen, ein höchstes Wesen müsse verehrt werden, durchaus erhalten blieb. Aber die Verehrung eines höchsten Wesens wurde durch die Einführung einer Menge kleiner Spezial-Gottheiten ergänzt. Diese Theorie ist am Modell des katholischen Heiligenkultes gebaut. Sie hat für das Verständnis der Religionen nicht viel Bedeutung. Aber Calvin macht aus dieser Einzelbeobachtung auch hier wieder ein allgemeines Gesetz, das zu allen Zeiten gegolten haben soll und dessen not-

---

56. Inst. I,6,3: Man kann den außerchristlichen Menschen daher folgendermaßen charakterisieren: quam lubricus sit humanae mentis lapsus in Dei oblivionem, quanta in omne genus erroris proclivitas, quanta ad confingendas identidem novas et fictitias religiones libido.
57. Inst. I,11,1.
58. Inst. I,11,8.
59. Inst. I,11,8.
60. Inst. I,11,9.

wendigen Ablauf er zu erhärten sucht. Das ist die Eigenart eines theologischen Denkens, dem es um cognito qua fides geht. Wichtig ist in diesen Erörterungen, wie eng Calvin auch hier religio und cultus verbunden sein läßt. Man kann beinahe sagen, daß die außerchristlichen Religionen durch ihren Kultus zumal gefährlich werden. Calvin ist sich ja auch der Wichtigkeit des Kultes klar bewußt: Glaube und Gottesfurcht gehören für Calvin eng zusammen. Die Gottesfurcht aber impliziert Gottesverehrung. Die Gottesverehrung aber zieht den »legitimen Kult« nach sich[61].

Es ist Calvin also eindeutig, daß die erste und einfache Gotteskenntnis des Menschen der zweiten Weise der Gotteskenntnis, wie der Mensch nämlich der Erlösung teilhaftig werden kann, nicht gerecht werden kann. Diese wahre cognitio kann der Mensch sich nur von Gott gesagt sein lassen. Freilich kann Calvin sagen, daß allen Zeiten und Völkern wohlbekannt war, daß die gottentfremdeten Kinder des Zornes Gott nicht so ohne weiteres wieder gefallen könnten, daß es dazu vielmehr einer Versöhnung bedürfe[62]. Diese Meinung ist bemerkenswert. Es ist im allgemeinen keineswegs Calvins Meinung, daß die Menschen um ihre Erlösungsbedürftigkeit wissen. Es ist auch fraglich, ob man das von seinen Grundlagen aus so erwarten darf. Immerhin – so viel kann Calvin dem Menschen also religiös zutrauen. Jedoch auch dies ändert nichts an jenem eigentümlichen Vorgang, daß der Mensch sich gegen das in ihm liegende bessere Wissen auf die Erdichtung vieler Gottheiten und Kulte wirft. Dieses aber sind die Religionen.

Calvins eigentümliche Auffassung von den Religionen setzt also da an, wo wir die Überlegungen zu dieser Zeit alle sehen, nämlich bei einem dem Menschen naturaliter eigenen Wissen um Gottes Dasein und Schöpfertum. Dieses semen religionis ist nun aber bei Calvin insofern der Ansatz für die Religionen, als der Mensch gegen diese Grundlage seines Menschseins ankämpft. Er zerstört sein Wissen um Gott und seine Verehrung. Ja, er zerstört dies Wissen. Diesen sensus divinitatis zur Kenntnis zu nehmen, lohnt sich also nur insofern, als der Mensch durch denselben unentschuldbar wird.

Das natürliche Wissen – wie auch die lex naturalis – bietet also keinen Ansatz für das religiöse Wissen oder Tun des Menschen. Dieses natürliche Wissen ist zerstört und nur e negativo zu erkennen. Man kann sich bei dieser merkwürdigen Verschränkung des Gedankens vorstellen, daß sowohl E. Brunner wie K. Barth sich mit ihren Thesen auf Calvin meinten berufen zu können. Man

61. Inst. I,2,2: So kann Calvin auch sagen: En quid sit pura germanaque religio, nempe fides cum serio Dei timore coniuncta; ut timor et voluntariam reverentiam, in se contineat, et secum trahat legitimum cultum qualis in lege praescribitur.

62. Inst. II,6,1: Omnibus et saeculis et gentibus communis fuit ratio illa, non posse absque reconciliatione placere Deo, qui alienati sund ab eo, et maledicti pronuntiantur ac filii irae.

kann zumal verstehen, daß Calvin die Meinung, die Religionen seien die Erfindung herrschsüchtiger Leute, die die Religionen wollten, um auf diese Weise das einfache Volk im Gehorsam zu halten, als unsinnig bezeichnete. Man muß sich ja dazu klarmachen, daß dies sowieso nie möglich gewesen wäre, wenn die Sinne der Menschen nicht schon vorher vom Dasein Gottes überzeugt gewesen wären, woher ja sowieso der menschliche Hang zur Religion stamme[63].

---

63. Inst. I,3,2: nisi iam prius constanti illa de Deo persuasione imbutae fuissent hominum mentes, ex quo velut semine emergit ad religionem propensio.

B. Die neuere Dogmatik

1. Paul Althaus und Werner Elert

In der neueren lutherischen Dogmatik können wir bei der Frage nach den Religionen Elerts Dogmatik nicht folgen. In Elerts Dogmatik kommt die Frage der Religionen nämlich nicht vor. Es gibt nur eine Stelle, an der wir überhaupt erfahren, daß es außer dem Christentum noch Religionen gibt, die Riten abhalten (§ 62,4). Elert zieht hier aus dieser Tatsache für die Dogmatik nur die Folgerung, daß die christliche Beurteilung der Riten wie Taufe und Abendmahl durch die außerchristlichen Analogien ermutigt werde, dieselben etwas realistischer einzuschätzen, als es sonst in der aufgeklärten Theologie Brauch geworden sei. Über die Religionen und zu ihrer Einschätzung erfahren wir also in Elerts Dogmatik direkt gar nichts.
Wir sehen darum zu Paul Althaus' Dogmatik hinüber. »Die Christliche Wahrheit« ist die neuere Dogmatik, die weitaus am eingehendsten von den außerchristlichen Religionen spricht. Althaus bespricht im Zusammenhang der sog. Uroffenbarung Grund und Entstehen der Religionen (§ 4–11) und nach der Darstellung der »Heilstat Gottes in Jesus Christus« handelt er von den »Religionen im Lichte des Evangeliums« (§ 16). Diese Ausführungen stehen in den »Grundlagen der Dogmatik« (I. Band). Im Corpus der Dogmatik (II. Band) selbst finden sich keine wesentlichen Bezugnahmen auf die Religionen mehr. Diese Tatsache ist als solche bereits typisch. Man verhandelt die außerchristlichen Religionen in den Prolegomena. Sie gehören offenbar zu den anthropologischen Voraussetzungen der Dogmatik. Aber in den Fragen nach Gott dem Schöpfer oder Gott als Erlöser haben sie dann nichts mehr zu suchen. Mit dieser Aufteilung begibt man sich der Möglichkeit, aus der Religionsgeschichte etwas zu lernen.
Bleiben wir also mit Althaus bei der Uroffenbarungslehre als dem »theologischen« Ort, von den Religionen zu handeln. Althaus geht davon aus, daß das Evangelium mit seiner Botschaft »auf eine Begegnung zwischen Gott und der Menschheit, von welcher diese immer schon herkommt und bestimmt ist« zurückweise (S. 45). Dies gelte auch nicht nur von Israel, sondern durchaus auch »mit Bezug auf die ganze Menschheit«. Das Evangelium meine denn auch nicht, ein Gottesverhältnis des Menschen überhaupt erst zu begründen, »sondern es will das schon bestehende heilen« (S. 45). Diese Thesen begründet Althaus zunächst neutestamentlich z. B. mit Röm 1,18ff. und 2,19ff. Dabei ist für ihn die Uroffenbarung nicht nur anfängliche Offenbarung. Die Vorsilbe Ur- soll vielmehr prinzipielle Bedeutung haben (S. 50). Zu der ersten exegetischen Begründung fügt Althaus auch sachliche theologische Gründe, deren wichtigster der ist, daß das Evangelium als Botschaft von der Vergebung der

Sünde kommt, daß es also die Sünde voraussetzt: »Sünde ist der Wider-Wille gegen Gott« (S. 51). Damit aber ist also ein Gottesverhältnis des Menschen vorausgesetzt.

Wir brauchen diesen Ausführungen nicht im einzelnen zu folgen. Wir sehen, daß Althaus die Religionen von ihrem Gottesverhältnis aus angreift. Er sagt an anderer Stelle, daß die Religionen insofern mit der Wahrheit zu tun haben, »sofern sie überhaupt von ›Gott‹ reden« (S. 165). Damit ist ein Ansatz gewählt, der dem Selbstbewußtsein der Religionen entspricht. Mit diesem Einsatz bei dem Wissen von einem Gott ist aber auch dieses gegeben, daß sie »um die Verfallenheit des jetzigen menschlichen Lebens in dieser Welt« wissen (S. 167). Dies zeigt für Althaus, daß die Religionen nicht einfach als »Gemächte des Menschen, als Irrtum, Lüge, Sünde zu verstehen« sind (S 168). In den Religionen ist immer auch Selbstbekundung Gottes und damit auch Wahrheit.

Die Selbstbezeugungen Gottes geschehen nach Althaus in *fünf* verschiedenen Richtungen: 1. in der Existenz des Menschen (§ 6), 2. im geschichtlichen Leben (§ 7), 3. im theoretischen Denken (§ 8), 4. in der Wahrheitsbeziehung des Geistes (§ 9) und 5. in der Natur (§ 10). Wir müssen uns diese fünf Ansätze näher erläutern lassen, um zu verstehen, was Althaus meint.

1. Die Existenz des Menschen erörtert Althaus in § 6 als Selbstbezeugung Gottes, so, daß »wer seiner selbst inne wird, der wird eben damit zugleich Gottes inne« (S. 76). Althaus zielt hiermit, wie er mehrfach betont (S. 75, 77), auf den dogmatischen Ansatz Schleiermachers mit seinem unmittelbaren Selbstbewußtsein. Dieses Bewußtsein ist vortheoretisch und unmittelbar. In seiner Unfragbarkeit und Bestimmtheit stellt dieses Bewußtsein nach Althaus *erstens* ein Bewußtsein aus der »Erfahrung unserer schlechthinnigen Gewirktheit« (S. 78) dar. Die erste zugrunde liegende Weise also, in der »sich die Macht bezeugt, die wir Gott nennen«, ist das Schicksalhafte unseres Daseins. In der Tatsache der schicksalhaften Ausgeliefertheit unseres Daseins kommt etwas zur Aussage, dem wir uns nicht zu entziehen vermögen. Althaus stimmt Schleiermacher zu, daß dieses Grundempfinden »an und für sich ein Mitgesetztsein Gottes im Selbstbewußtsein«[64] sei. Er trennt sich mit diesem Einsatz grundsätzlich von Karl Barth. Dieses Bewußtsein geht das Sein des Daseins selbst an.

Zweitens geht es in dieser Selbstbezeugung Gottes um eine Begabung des Menschen oder um ein Haben. Es geht um Begabung mit den Werten des menschlichen Lebens, mit dem Geist, um »Wahrheit zu erforschen wie überhaupt mit dem Vermögen zu gestalten. Diese Auszeichnung des menschlichen Bewußtseins macht Gottes Schöpfermacht und Schöpferherrlichkeit

---

64. So stellt Schleiermacher die »dogmatische Grundform« in der Glaubenslehre, § 30,1 dar.

kund! In diesen Begabungen und als sie macht Gott sich als Schöpfer bemerkbar« (S. 80).

Drittens macht sich Gott in der »unbedingten Beanspruchung« erkennbar, »die an uns ergeht«. Diese Beanspruchung wird von Althaus als der Ruf aus dem Leben selbst gefaßt. Das ist nicht einfach das Gewissen, sondern eine unabweisbare Beanspruchung jenseits desselben. »Die Macht«, die uns so unbedingt beansprucht, wird aber auch in ihrem Wesen erkennbar (!). Wenn wir »durch die Vaterschaft zur Väterlichkeit« gerufen sind, so wissen wir etwas von der Väterlichkeit der Macht, denn »alle Imperative, die wir vernehmen, weisen zurück auf göttliche Indikative« (S. 82). Das ist ein gefährlicher Satz. Aber Althaus meint sogar, damit sei »das Recht des Anthropomorphismus« begründet. Aber in dem Sachverhalt dieser Forderung ist noch mehr begründet, nämlich die Notwendigkeit der Religionen, vom Gericht zu reden. Sie handeln alle vom Gericht. Und das ist in dieser unmittelbaren und unbedingten Beanspruchung angelegt.

Viertens macht Gott sich auch als Entbehren kund – »das Wissen um unsere innerste Einsamkeit in der Welt«. Aus dieser »wesenhaften Einsamkeit« greift Gott nach uns (S. 83/84). Die Erfahrung dieser Einsamkeit ist selbst »Frage nach Gott und darin Bewußtsein um Gott«. Warum das eigentlich so sein soll, daß diese Einsamkeitserfahrung eine Gotteserfahrung sein soll, das sagt Althaus ebensowenig wie er sagt, warum die unbedingte Beanspruchung Gottes Anrede ist. Aber angesichts der Unbedingtheit der sittlichen Anforderung oder auch angesichts des mitgesetzten menschlichen Versagens leuchtet es noch eher ein als angesichts dieser Welteinsamkeit.

Fünftens gehört zur Anwesenheit Gottes in unserem Bewußtsein »das Wissen um das Bruchstück und das Leiden unter ihm« (S. 84). Althaus formuliert hier ebenso dunkel wie kühn: »Wir sind uns selbst Erfahrung Gottes in dem Wunder des Ungenügens und des Hinausdrängens über die Grenze, in welche dies Leben gebannt ist« (S. 84). Daß der Mensch sich selbst zur Gotteserfahrung wird, das ist die fragliche Formulierung. Wenn der Sachverhalt gemeint wäre, daß das Wollen und Vermögen des Menschen immer an letzte Grenzen stößt und scheitert, dann könnte man das so verstehen: Gott macht sich als dieser Vorgang extra nos unübersehbar, so könnte man sagen. Aber Althaus kommt es gerade auf einen innersubjektiven Sachverhalt an. Unser Bewußtsein um das Bruchstück, das unser Dasein ist und bleibt, ist unsere Gotteserfahrung mit uns selbst.

Diese *fünf* Bewertungen, die aus Konkretionen des Selbstbewußtseins folgen, zeigen, daß diese erste Bezeugung Gottes in der Existenz die positiven und negativen als allgemein menschlich zu bezeugenden Erfahrungen anthropologischer Art an die erste Stelle dessen rückt, was als Bezeugung Gottes prädiziert ist. Althaus betont dazu (S. 77), daß »die Theologie also als Anthropologie einsetzen« müsse. Diese Feststellung erläutert Althaus mit

Schleiermachers Ansatz. Aber man muß wohl fragen, ob das die Sache, von der Althaus hier reden will, ganz trifft. Die Theologie setzt so ja doch wohl nicht mit Anthropologie, sondern mit einem Handeln Gottes ein? Sie sieht dies Handeln aber an einem anthropologischen Sachverhalt dargestellt. Das kann ja wohl nicht anders gemeint sein. Es ist wohl nicht unwichtig, sich dies hier zu vergegenwärtigen. Sonst könnte man denken, Althaus gehe hier den Weg, rein innermenschliche Erfahrungen zu religiösen Erlebnissen hochzustilisieren. Gemeint ist aber wohl, daß Erfahrungen mit seiner Existenz den Menschen dazu bringen, seine Existenz nicht aus sich selbst, sondern nur aus einem »unbedingt« Anderen begreifen zu können. Die menschliche Existenz erfährt sich in der Weise dieses aus sich heraus Gewiesenseins, und darin meldet sich Gott. Dies gilt für die positive Erfahrung des sein Dasein beglückt Empfangens wie für die sehr negativen Erfahrungen der Einsamkeit und des Scheiterns. Es ist wohl auch wichtig, sich folgendes deutlich zu machen: Althaus schreibt: Gott »bezeugt sich in und mit der Bestimmtheit unseres Seins. Er steht nicht hinter ihr, sondern er ist sie selbst« (S. 76). Diese Sätze charakterisieren die »Unmittelbarkeit« dieser Bezeugung Gottes. Sie zeigen aber zugleich, wie mißverständlich solche Erläuterungen auch sind. Althaus kann diesen Satz ja nicht pantheistisch meinen. Daß Gott diese Bestimmtheit unseres Seins selbst sei, kann auch diesen falschen Sinn haben. Es kommt aber wohl darauf an, daß in diesem Sein und seiner Bestimmtheit Gott unmittelbarerweise »sich« kundtut, der Mensch ihm konfrontiert ist.
Immerhin ist diese Deutung nicht ganz sicher. Althaus hat in diesen Seiten so eigentümliche Rückschluß- und Korrelations-Konstruktionen. Wir sahen den Satz, daß alle Imperative auf göttliche Indikative zurückweisen. Das verläuft so nach dem Schema, daß jede Frage die Antwort vorgängig enthält. Aber es gibt auch falsche Antworten. Zumal fragt man natürlich nach den Kriterien dieser Auswahl. Aber die lassen sich nicht finden. Sollen diese fünf Momente etwas sein wie der Tillichsche ultimate concern? Das erfährt man leider nicht. Daher ist man ratlos dieser Auswahl gegenüber.
2. Der § 7 erörtert die »Selbstbezeugung Gottes im geschichtlichen Leben«. Althaus tendiert hierin merkwürdigerweise auf die spezifisch christliche Weise, die Geschichte zu verstehen, und meint daher, »geschichtlich angesehen« sei diese Gotteserfahrung »nachchristlich«. Sie sei aber »grundsätzlich vorchristlich« (S. 86). Die Art und Weise, wie Geschehen verstanden wird, ob in einer Weltzeitalterlehre oder anders, ändert aber nichts daran, daß das Nacheinander des Geschehens und wie der Mensch darin geführt und zugleich herausgefordert ist, als Beanspruchung des Menschen durch den erfahren wird, den er Gott nennt. Es ist gewiß angemessen, daß Althaus hier das Ordentliche ebenso wie das Außerordentliche als Brennpunkt dieser Gottesbezeugung faßt (S. 86). Es ist aber ebenso richtig, daß zumal an diesem Bereich die Doppeldeutigkeit und auch Verschlossenheit der Sinn-Bezüge

deutlich wird (S. 110f.). Zwar erwähnt Althaus hier auch die Angefochtenheit des Menschen (S. 89) in der geschichtlichen Herausforderung. Aber man hat den Eindruck, daß gerade an dieser Stelle mehr Eingehen auf die Deutungen, die diese Herausforderung in den verschiedenen Religionen fand, erforderlich gewesen wäre, um diese Überlegung aus ihrer blassen Allgemeingültigkeit zu befreien.

Dies wird zumal da deutlich, wo Althaus deutlich machen will, wie Gottes Präsenz in der Geschichte erfaßbar wird. Dies geschieht erstens als Berufung. Damit ist »an den Ruf durch die Ordnungen und Stände, in denen wir stehen« gedacht. Althaus meint, solche Berufung könne »nicht anders als im Glauben ergriffen werden« (S. 87). Solche Sätze sind nur schwer nachvollziehbar. Vielleicht soll damit das gemeint sein, daß der Glaube eine Kraft zum Durchhalten verleiht (?). *Zweitens* sollen in der Geschichte menschliche Verantwortung und übermenschliche Führung aufeinandertreffen. Damit scheint Althaus letztlich die Unverfügbarkeit des geschichtlichen Geschehens zu meinen. *Drittens* tut Gott sich in der Geschichte als sittliche Anforderung kund: »Es gibt in der Geschichte eine sittliche Ordnung« (S. 89). Diese Ordnung als solche stellt offenbar die Bezeugung Gottes dar. Althaus gibt zu, daß dies alles »sehr vorläufig« ist, »denn es ist vorkritisch« (S. 90). Aber trotzdem sind diese drei Bereiche Selbstbezeugungen Gottes, die »nicht Weniges von seinem Wesen« zu erkennen geben.

Auch diese Überlegungen lassen fragen, wie Althaus sich dies eigentlich vorstellt? Meint er, die Ordnungen und Stände, in denen jeder Mensch lebt, seien unmittelbare Gottespräsenz, weil es in bezug auf diese Lebenswirklichkeit Kulte und Riten gab? Oder meint er das ganz allgemein? Aber dann taucht sofort die Frage der Kriterien (s. o.) auf: Nach welchen Kriterien kann man denn in der Welt als Geschichte Gott vermuten? An dieser Frage wird auch diese Überlegung Althaus' sehr fraglich, denn die Tatsache, daß jeder Mensch in bestimmten Ordnungen lebt, reicht ja wohl noch nicht aus, um Gottes Selbstbezeugung zu vermuten?

3. Es folgt § 8 der »Selbsterweis Gottes an das theoretische Denken«. Gott erweist sich im reflektierenden Denken bzw. in der Wissenschaft. Es geht hierin nicht um unmittelbare Gotteserfahrung, sondern um einen vermittelten Erweis. Althaus will hierin das aufnehmen, was in den gescheiterten Gottesbeweisen wahr war. In diesem Erweis meldet sich Gott als die »Einheit aller menschlichen Erkenntnis in der Tiefe« (S. 93). Dieser Erweis, so meint Althaus, gehöre mit der unmittelbaren Gotteserfahrung zusammen. Wenn er diesen Erweis als Wahrheitskern der Gottesbeweise erläutert, so tendiert er also auf die aller Erkenntnis vorgängige Ganzheit, die den Grund der Möglichkeit des Erkennens darstellt.

Das Denken erfährt – und zwar in allen seinen verschiedenen Bemühungen um Welt als Natur wie als Geschichte – eine Nötigung. Die Vernunft vernimmt diese Nötigung und sieht sich »von der Selbstbezeugung Gottes auf ihrem eigensten Gebiet betroffen« (S. 94). Althaus meint auch, hinter den klassischen Gottesbeweisen habe diese Betroffenheit gestanden. Zwar begegne Gott in dieser Weise seiner Selbstbezeugung nicht als Du, sondern als Er. Aber darin weise er auch über sich hinaus. Althaus konkretisiert diese Selbstbezeugung Gottes in zwei Richtungen, a) Gott in der Wahrheitsbeziehung des Geistes (§ 9), b) Gott in der Natur (§ 10).

a) Althaus geht also zunächst auf die Wahrheitsbeziehung des menschlichen Geistes ganz allgemein ein. Damit meint er die Tatsache, daß wir »nach der Wahrheit fragen müssen, nicht um irgendeines Nutzens, sondern einfach um der Wahrheit willen« (S. 95). Diese Tatsache, meint Althaus, sei nicht anders zu erfassen als so: »Das gehört zu dem Wunder des Menschen, in dem Gott sich ihm bezeugt.«

Mit der Schlüssigkeit dieser Sätze ist es nicht so sehr weit her. Die Tatsache, nach der Wahrheit fragen zu müssen, ist nichts anderes als der Denkvollzug selbst in seinem unlösbaren Verhältnis zu seinem Inhalt. Wenn man also diese Thetik Althaus' halten wollte, so müßte man die Selbstbezeugung Gottes darin finden, daß unser Denken von seinen Inhalten fixiert ist. Aber diese Tatsache gibt nicht so sehr viel her, zumal wenn man an die hierher gehörige Debatte über den Nominalismus denkt. Gegenüber Descartes und seiner subjektiven Formalisierung des Denkens ließe sich diese Argumentation vielleicht noch am ehesten mit Sinn erfüllen[65].

Aber die Tendenz Althaus' in diesen Überlegungen weist auf ein anderes Ziel hin. In diesem »Wunder« geht es ihm letztlich um die Bezogenheit von Intelligenz oder Denken des Menschen und Intelligibilität oder Denkbarkeit der Welt. In dieser Einheit von Denken und Denkbarkeit des Objekts liegt das Ziel. Althaus bezieht sich auf Trendelenburg, der in seinen logischen Untersuchungen sagt: »Alles Denken wäre ein Spiel des Zufalls oder einer Kühnheit der Verzweiflung, wenn nicht Gott die Wahrheit, dem Denken und den Dingen als gemeinsamer Ursprung und als gemeinsames Band zum Grunde läge.« Diese gemeinsame, vorgängig zugehörige Denkbarkeit in Subjekt und Objekt ist die Selbstbezeugung Gottes. Gott ist die Wahrheit. Sie ermöglicht die Objekt und Subjekt bindende Gemeinsamkeit.

Dieser Sachverhalt gewinnt auf dem Hintergrund der Phänomenologie Husserls wohl Bedeutsamkeit, zumal ihm darin die Züge des romantischen Idealismus genommen werden. Aber es ist die Frage, ob dieser Sachverhalt eine Selbstbezeugung Gottes sei und als Ursprung von Religion angesprochen werden kann. Dies aber meint Althaus in dem Sinne, wie Schlatter von einem

---

65. Die Hinweise Althaus' auf Paul Tillich und Friedrich Brunstäd werfen nicht sehr viel Klarheit auf diese Fragen.

»Gottesbeweis aus dem Willen« spricht[66]: Gott als Gottesgedanke ist da gegeben, wo diese Relation von Intelligenz und Intelligibilität realisiert wird. Dieser »Gottesgedanke« muß freilich von Althaus als Selbstbezeugung Gottes verstanden werden, um das leisten zu können, was er im Zusammenhang der sogenannten Uroffenbarung leisten muß.

b) Althaus faßt die Selbstbekundung Gottes in der Natur ins Auge. Dabei ist ihm das Entscheidende der Nachweis, daß in der Natur Geist waltet und dieser Geist zugleich über der Natur steht, »sonst wäre er nicht Geist« (S. 105). Dieser Geist in wie über der Natur ist der göttliche Geist. Althaus findet diesen Geist in der Geordnetheit der naturhaften Vorgänge. Sie verlaufen alle nach im letzten sehr einfachen Modellen. Den Naturvorgängen ist dabei aber zumal teleologische Gerichtetheit eigen. Die Gesetzmäßigkeit der Natur, meint Althaus, erweist sich als teleologisch und zielgerichtet. Das aber ist »geistvolle« Ordnung. Dazu zieht Althaus auch die sogenannte Ganzheitskausalität heran, nach der sich im organischen Prozeß das Ganze vom Einzelnen her kausiert und das Einzelne vom Ganzen gelenkt ist. Der Begriff des Organismus kann aber auf das Ganze der Natur ausgedehnt werden. Das heißt, daß das Ganze der Natur – auch gerade als Evolution – sich teleologisch darstellen läßt. Das alles aber heißt, daß es erwiesen ist, daß die Natur in ihrem Sein und Geschehen geisthaft bestimmt ist: Selbstbezeugung Gottes. »Die Natur ist mehr als nur sein Werk, nämlich sein ständiges lebendiges Wirken selbst« (S. 105). Althaus meint diesen Satz offenbar wirklich so, daß die naturhaften Vorgänge als solche – und damit meint er ihre gesetzhafte Interpretation – das lebendige Wirken Gottes »sind«. Wir erfahren nicht, was Althaus sich unter diesem »Sein« vorstellte. Jedenfalls meint er eine Vorfindlichkeit, aus der die Religionen ihre Einsichten ablesen konnten.

Freilich betont Althaus am Ende dieses § 10 auch die Dysteleologie der Natur und das total Sinnwidrige und Grausame ihrer Verläufe. Aber, diese Seite wird dann ja mit zwei Feststellungen entschärft. *Erstens* greift man den alten Gedanken auf, daß der Tod ja zum Leben gehört. Man macht sich das mit diesem Romantiker-Bild auch sehr leicht. Man beschränkt den Tod auf das Einzelne und läßt das Ganze immer weiter leben. *Zweitens* aber ist diese zerstörende Seite der Verweis auf den Gott als Verborgenen. Seine Verborgenheit ist also das Grauen im Naturgeschehen? Ja, das Sinnlose bedeutet die Verborgenheit des sich an sich als Leben teleologisch bezeugenden Gottes. Mit diesen beiden Ausflüchten ist das Fragmal des schönen teleologischen Traumes ver-

66. *A. Schlatter:* Das christliche Dogma, 2. Aufl., Stuttgart 1925, S. 97–99. »Mit der Gewißheit, daß wir uns in einer Welt bewegen, die denkbar ist, und in uns ein Denken haben, das zu den die Welt gestaltenden Gedanken in positiven Beziehungen steht, ist der Gottesgedanke da.«

mieden, und es kann dabei bleiben, daß Gott sich in der Natur – wenn auch verborgen – selbst bezeugt[67].

Wir haben nunmehr die einzelnen Motive der Selbstbezeugung Gottes – wie Paul Althaus sie sieht – wiedergegeben. Da ist die Existenz des Menschen selbst, die zum Schauplatz Gottes wird (§ 6), und das geschichtliche Leben (§ 7). Dann ist es andererseits das theoretische Denken, in dem Gott sich erweist (§ 8) und zwar erstens in der Einheit des Intelligiblen und des Intelligenten (§ 9) und zweitens in der Naturgesetzlichkeit (§ 10). Im ganzen stellt diese Phänomenologie des Wirkens Gottes in der Welt eine imponierende Deutung des intelligenten Daseins oder des humanen Daseins überhaupt dar. Das humane Dasein ist bis in sein Naturverhältnis hinein – so müßte man sagen – nur so lange human, wie es dieses Dasein auf Gott transzendieren kann. Am Ende dieser ganzen §§ taucht die Verborgenheit Gottes als die Gebrochenheit dieses humanen Daseins wie seines Selbst- und Welt-Verständnisses auf. Die Gebrochenheit dieses humanen Daseins verhüllt die Tatsache, daß der Mensch seine Menschlichkeit nur so lange haben kann, wie er mehr als das Menschliche hinter und vor sich entdeckt und weiß! Oder wir können auch sagen: Die Religion gehört zur Bewahrung der Menschlichkeit des Menschen. Althaus zieht diese Konsequenzen nicht. Er sieht sie wohl auch nicht, denn er bleibt im Denkmodell von Gottesbeweisen befangen. Aber hinter allen Gottesbeweisen steckt eine Wahrheit des Menschen über sich selbst, so auch noch in diesem Weiterdenken derselben.

Althaus schließt die ganze Phänomenologie mit einer Überlegung »der Mensch unter der Selbstbezeugung Gottes« (§ 11). In diesem § macht Althaus zwei Schritte: *Erstens* charakterisiert er das geschilderte humane Dasein als in sich gebrochen. *Zweitens* postuliert er von hier aus einen »theologischen Begriff der Religion« (S. 111).

In dem *ersten* Teil geht es Althaus darum, klarzumachen, daß das menschliche Dasein Leben im Widerspruch ist und daß menschliche Erkenntnis gebrochene Erkenntnis ist. Ja, er kann sogar sagen: »Die Erfahrung Gottes und die Erfahrung der Not unseres Lebens liegen eben ineinander« (S. 108). Dies gilt aber auch für alle Arbeit an der menschlichen Kultur, die »unweigerlich als Tragödie der Kultur« erfahren wird (S. 109). Die »Gesamtschuld« erfaßt den Menschen überall. Dies heißt aber nach all dem in § 6–10 Gesagten: »So wird das Wissen um Gott am existentiell entscheidenden, am schlechthin lebenswichtigen Punkte zum Nicht-Wissen um Gott« (S. 111). Das heißt also,

67. Zu diesen Erwägungen müssen wir uns wieder ins Bewußtsein bringen, daß Althaus diese Selbstbezeugung Gottes in der Natur unter der Überschrift des § 8 »Der Selbsterweis Gottes an das theoretische Wissen« ausführt. Diese Überschrift würde sagen, daß Gott sich in der gesetzlich-teleologischen Interpretation der Naturwissenschaft erweist. Man muß befürchten, daß dies auch tatsächlich das Ergebnis sein müßte.

der sich bezeugende Gott ist der Verborgene. Aber – und darauf kommt es an – wenn er der Verborgene sein soll, dann muß er ja »vorher« der sich-bezeugende Gott gewesen sein. Aber man muß natürlich fragen, was das eigentlich für ein Schlußverfahren ist: 1. Die Selbstbezeugung Gottes im humanen Dasein ist gezeigt (§ 6–10). 2. Das humane Dasein ist in sich gebrochen. 3. Das Wissen um Gott ist Nicht-Wissen. Aber das Nicht-Wissen soll nun nur möglich sein (bzw. gültiger Hinweis sein) durch das Wissen. Das heißt: »Die Dogmatik kann also nicht mit der Verborgenheit Gottes einsetzen, sondern muß ... mit der Selbstbezeugung Gottes beginnen« (S. 111). Dies ist wohl eine neue Form der via negationis, mit der Althaus hier arbeitet.

Jedenfalls – und darauf kommt es an – kann Althaus unter dieser Voraussetzung »von der Religion« reden. Althaus meint auch, unter dieser Voraussetzung könne er einen »theologischen Begriff der Religion« gewinnen. Die Beschreibung der Religionen, d. h. die wirklich gelebten Religionen seien dabei vorauszusetzen. Merken tut man diese Voraussetzung freilich nicht. Althaus will »die Religion« ja auch »verstehen«, was die religionswissenschaftlich-phänomenologische Beschreibung nicht schafft, wie er sagt. Ein wirkliches Verständnis »des Phänomens der Religion« sei nur ein theologisches! Theologisch aber heißt hier nach Althaus »im Zusammenhang der Lage des Menschen unter der Selbstbezeugung Gottes« (S. 111). Und dann kommt's heraus, worum es ihm geht: um »das Wesen der Religion«! Wir müssen freilich fragen, was wir mit diesem »Wesen der Religion« anfangen sollen, wenn uns entweder der Islam angeht oder die Christologie plagt. Das wird wenig sein. Aber wir werden auch fragen müssen, ob das Theologische dieses Religions-Begriffs eigentlich darin besteht, daß an allem Wirklichen vorbei ein abstraktes Wesen erfragt wird? Es sieht so aus.

Das Wesen der Religion, das Althaus feststellt, ist das »Echo des Menschen auf die Selbstbezeugung Gottes«. Wenn er weiter sagt, daß alle Religion auf »Offenbarung« Gottes gründe, so ist das zwar zutreffend. Aber diese sogenannte Selbstbezeugung Gottes ist ja doch ein Hohn auf das, was in den Religionen »Offenbarung« Gottes heißt. Althaus findet von diesen Erwägungen des Wesens der Religion zwei Pole derselben: a) Bestimmtsein von der Wirklichkeit der Gottheit, b) Streben nach Überwindung des Daseins-Widerspruchs durch die Gottheit (S. 112). Es ist sehr die Frage, ob man diese beiden Pole wirklich aus dem »Wesen« deduzieren kann. Aber das Wesen der Religion läßt nach Althaus nun doch die entscheidende Frage offen, ob die Religion zum Heil führt? Diese Frage ist nur vom Evangelium aus zu beantworten.

In § 16 – nach einer kurzen Erörterung der Botschaft des Evangeliums – stellt Althaus die Frage nach »den Religionen im Lichte des Evangeliums«. Es fällt auf, daß hier nicht mehr von der Religion oder dem Wesen der Religion die Rede ist, sondern die Religionen stehen zur Debatte. Diese Erörterung ist durch den Gegensatz zu Troeltsch bestimmt. Althaus meint, die sogenannte historische oder religionsgeschichtliche Methode sei unangemessen, denn vom Evangelium aus gehe es nicht mehr um Verständnis, sondern um Kritik der Religionen. Oben sahen wir, daß der theologische Begriff der Religion ein Verstehen ihres Wesens war. Nun sehen wir, daß vom Evangelium aus die Religionen nur als Kontrahenten und Gegner erkennbar werden. Darum meint Althaus, daß wir Lehrstühle der Missionswissenschaft brauchten, damit die Tiefe der Religionen erkannt werden kann, und die kann nur in der kämpferischen Konfrontation – d. h. in der Mission – sichtbar werden! (S. 158, 162). Nicht die Religionsgeschichte oder Religionswissenschaft, sondern die Missionswissenschaft erkennt die Religionen als das, was sie sind (S. 158). Es ist überraschend, diese Gegensätze formuliert zu finden. In diesem Sinne muß Althaus denn auch abweisen, das Christentum mit dem Entwicklungsbegriff den anderen Religionen zuzuordnen (S. 159). Das Evangelium steht als Botschaft von dem rettenden Akt Gottes »allen Religionen gegenüber« (S. 160). Es gibt zwischen den Religionen und dem Christentum »nur ein einfaches Entweder-Oder« (S. 160). Althaus meint es sehr ernst, wenn er sagt: »Die Begegnung der lebendigen religiösen Kräfte steht im Zeichen nicht der Toleranz sondern des heißen Kampfes« (S. 161).

Gleichwohl lehnt Althaus die, wie er sagt, »undialektische Weise«, in der Barth von den Religionen redet, ab. Er tut dies, weil er meint, in den Religionen seien Wahrheit und Lüge gemischt (S. 165). Die Wahrheit der Religionen soll es sein, daß sie überhaupt von Gott reden. Mit diesem Gott meint Althaus die Wirklichkeit des Heiligen im Unterschied zur Wirklichkeit der Welt. Diese Götter, meint Althaus, tragen auch Züge des wahren Gottes (S. 166), und Wahrheit ist in den Religionen auch, so gewiß sie um die Verfallenheit menschlichen Lebens wissen (S. 167). Man kann sie darum nicht »rein als Gemächte des Menschen« betrachten, denn in ihnen geschieht ständig Ur-Offenbarung! Aber diese Ur-Offenbarung, d. h. die Selbstbezeugung Gottes, ist nun in den Religionen versklavt unter »Gemächte der sündhaften Verkennung Gottes« (S. 168f.). Die Religionen sind eben doch Wege der Selbsterlösung. Aber Althaus hat natürlich auch von den sogenannten »Gnadenreligionen« gehört. Dem begegnet Althaus recht verblüffend, indem er sagt, sie seien »mit ihrem Wahrheitsgehalt ... Flucht aus der echten Wirklichkeit Gottes« (S. 170).

Das heißt also, daß die Religionen Wahrheit enthalten – qua Uroffenbarung. An diese Wahrheiten kann das Evangelium auch anknüpfen (S. 174). Und dann enthalten sie Lügen, und diese werden vom Evangelium entlarvt. Diese sogenannten Lügen entstehen dadurch, daß der Mensch die Wahrheit der Uroffenbarung verdirbt. Er kann nicht abwarten. Er will die Verborgenheiten Gottes selbst auflösen. Damit geht er in die Irre.

Das, was Althaus also positiv zu den Religionen sagen kann, ist das, was sich

auf das »Wesen der Religion«, d. h. die Uroffenbarung, reduzieren läßt. Alles andere ist menschliche Zutat, die bekämpft werden muß. Dieses »Wesen der Religion« ist der »theologische Begriff« von Religion – was wir oben am Dasein des Menschen, am geschichtlichen Leben wie am theoretischen Denken als Selbstbezeugung Gottes festgestellt fanden. Dieses von aller religionsgeschichtlichen Wirklichkeit abstrahierte »Wesen« ist leider so erschlossen, daß man der Kriterien nicht habhaft werden kann. Zum Teil sieht es so aus, als sei die Letztgültigkeit von Lebenserscheinungen ein Kriterium. Zum Teil sieht es so aus, als sei die Geordnetheit des Lebens der Welt als Natur wie als Geschichte ein Kriterium. Letztlich weiß man einfach nicht, warum dies oder das Selbstbezeugung Gottes sein soll, bzw. man könnte alles dazu rechnen, wenn man einige Ansätze weiterdenkt.
Sieht man von diesen Abstraktionen ab und fragt, was die wirklichen Religionen angeht, so bemerken wir eine starke Diastase. An dem Missionskampf kommt die Eigenart der Religionen erst heraus, und da gibt es nur ein Entweder-Oder. Theoretisch redet Althaus auch dann noch von einer Wahrheit in den Religionen. Praktisch zieht er eine Grenze, die so absolut ist, daß man über seine Abweisung Barths erstaunt ist. Barth leistet sich jene Abstraktion auf das »Wesen« der Religion nicht. Dann aber sind beider Positionen eigentlich sehr nahe beieinander.

2. Paul Tillich

Paul Tillich hat sich immer wieder mit dem philosophischen und theologischen Problem der Religion beschäftigt. Dies beginnt mit dem frühen Aufsatz »Die Überwindung des Religionsbegriffs in der Religionsphilosophie«[68]. Es endet mit dem späten Aufsatz »Das Christentum und die Begegnung der Weltreligionen«[69]. Diese beiden Schriften sind trotz offensichtlicher Gegensätze im letzten gleich gerichtet. In dem frühen Aufsatz von 1922 sucht Tillich

68. Dieser Aufsatz erschien 1922 in den Kant-Studien, Jg. 27, S. 446–469. Er wurde in die Ges. Werke Bd. I, S. 365ff. aufgenommen.
69. 1963 in New York unter dem Titel: »Christianity and the Encounter of the World Religions«. 1964 erschien die Schrift in deutscher Übersetzung mit dem Titel: »Das Christentum und die Begegnung der Weltreligionen« als selbständige Schrift im Evang. Verlagswerk. Diese Schrift wurde dann in die GW Bd. V, S. 51–100 aufgenommen.

die Religion zu entlarven, denn Religion ist Gottes- wie Ich-Verlust. Religion macht Gott zu einem Korrelat von Welt. Religion ist nur eine Funktion des menschlichen Geistes (GW I,369). Gegenüber allen Versuchen, von der Religion auszugehen, muß die Religionsphilosophie von Gott ausgehen (GW I, 384). Wenn man diese ganzen Thesen Tillichs gegen die Religion liest, so ist man an die strengen Abwertungen aller Religion durch Karl Barth (s. u.) unmittelbar erinnert. In dem späten Aufsatz von 1964 sieht das zunächst alles ganz anders aus. Religion ist in ihrem weiten Sinne genommen als »Zustand des Ergriffenseins von einem letzten Anliegen« (GW V,52). Diese Religion ist in allen Religionen, die sich typologisch füreinander erschließen lassen und die sich jedenfalls nicht missionarisch ausschließen dürfen. Ihr Verhältnis soll vielmehr dialogisch sein. Aber auch in diesem Aufsatz sieht Tillich als den einzigen Weg den an, auf dem die Religionen das in sich überwinden, was Religion an ihnen ist: »In der Tiefe jeder lebenden Religion gibt es einen Punkt, an dem die Religion als solche ihre Wichtigkeit verliert und das, worauf sie hinweist, durch ihre Partikularität hindurchbricht, geistige Freiheit schafft und mit ihr eine Vision des Göttlichen, das in allen Formen des Lebens und der Kultur gegenwärtig ist» (GW V,98).

Im Zielgebiet dieses Denkens von Religion wirkt also die frühe Scheidung von Religion – als Kennzeichnung geschichtlich bedingter Ausdrucksformen wie Kult, Kirche und anderes – und dem Unbedingten – als Kennzeichnung dessen, »was den Menschen unbedingt angeht« – noch nach. Wir erkennen diese Scheidung in den Ideen vom »protestantischen Prinzip«, das ewig ist und alle Trümmer aller Kirchen überdauert, wieder. Hierin liegt eine Grundstruktur Tillichschen Denkens zutage: In der Wahrnehmung des Konkreten das Unbedingte freizulegen und mit ihm als einzigem Ziel alle Konkretionen zu verlassen[70].

Zwischen diesen beiden Aufsätzen liegt das Werk, das uns beschäftigen soll, nämlich die Systematische Theologie in ihren drei Bänden[71]. Wir werden für diesen Zweck drei Partien auswählen, nämlich die Einleitung des II. Teils über

70. Dies kann man auch an der letzten Rede Tillichs kurz vor seinem Tode zeigen. Die Rede behandelt die Bedeutung der Religionsgeschichte für den systematischen Theologen. Die Rede ist 1975 – besonders sorgfältig übersetzt von I. C. Henel – im Bd. IV der Ergänzungsbände veröffentlicht.

71. Die Systematische Theologie erschien: Bd. I 1951, Bd. II 1957, Bd. III 1963 in Chicago. Die deutsche Übersetzung: Bd. I ist nur die 2. Aufl. benutzbar, die wegen der vielen Fehler der 1. Aufl. nochmals bearbeitet wurde. Sie erschien 1956 bei dem Evang. Verlagswerk in Stuttgart. Bd. II erschien 1958 und Bd. III 1966 in Übersetzung in Stuttgart. Wir zitieren die englische Ausgabe nach dem bei J. Nisbet u. Co in London erschienenen Text. Es ist in allen Fällen nötig, den englischen Text heranzuziehen, da sehr viele Passagen nur im englischen Text klar werden.

die Realität Gottes (Kpt. IX[72]), sodann die Einleitung der Behandlung des Neuen Seins (Kpt. XVI) und die Behandlung der Religion im IV. Teil des Ganzen, in dem die Religion als »Selbst-Transzendierung« des Menschen erscheint (Kpt. XXIII). Wir hoffen, mit diesen drei Behandlungen die inneren Spannungen wie auch die Reichweite des Tillichschen Religionsbegriffes einigermaßen erfassen zu können.
Die Systematische Theologie von Paul Tillich behandelt den gesamten Stoff einer Dogmatik – freilich in völlig eigenständiger Weise. Die theologischen Inhalte sind alle übertragen in ein religionsphilosophisches Denkkonstrukt, das hinter ihnen steht und sie prägt. Diese Übertragung schafft völlig neuartige Sichten und erlaubt so, frühere gedankliche Fassungen der dogmatischen Inhalte neu zu sehen. An dieser Eigenart der Systematischen Theologie Tillichs liegt es, daß wir auch seine Behandlungen der Religion nur aus dem jeweiligen Kontext erfassen können. Gehen wir auf die Besprechung der Religion im IX. Kapitel (in der deutschen Ausgabe II. Teil, II. Abschn., A,1 u. 2) zu. Der Teil der Systematischen Theologie – mit dem Titel »Sein und Gott« –, in dem die Religion verhandelt ist, zeigt folgende Konstruktion: In einem ersten Gedankengang wird aus dem Sein und seinen Bedingtheiten die Frage nach Gott entwickelt[73]. Die »Endlichkeit (Finitude) des Seins, die zu der ontologischen Struktur des Seins gehört, treibt die Gottesfrage hervor. Es ist die Frage nach dem Grunde des Seins. In einem zweiten Gedankengang läßt Tillich unter der Überschrift der »Wirklichkeit Gottes« die Antwort auf die im Sein liegende Frage als Religion folgen[74]. Religion kennzeichnet also die menschliche Antwortbewegung, und als Religion wird die Befaßtheit mit der Frage nach Gott vorgestellt. Diese Erörterung von Religion ist im englischen Text: The Meaning of God (I,234) und im Deutschen: Gott als Idee (I,247) betitelt. Diese Überlegungen bilden den Übergang zu der abschließenden Behandlung[75] der »actuality of God«, worin es um «God as being and living« (I,261) geht[76]. In dieser abschließenden Behandlung der Gottesfrage wird Gott als Sein und Leben wie Gott als Schöpfer und ständige Weltzugewandtheit behandelt. In diesem Abschluß sollen die Belange des christlichen Gottesglaubens dargestellt sein. Freilich ist davon nur selten die Rede, weil das Ganze gedanklich aus der Frage über die Religion entfaltet wird und nicht als in der Bibel oder sonstwo gegebener Inhalt dargestellt wird.

---

72. Die durchlaufende Kapitel-Einteilung der englischen Ausgabe ist wesentlich handlicher als die etwas verklausulierte Einteilung der deutschen Ausgabe.
73. Deutsch: I,247–272; engl.: I,234–260.
74. Deutsch: I,193–245; engl.: I,181–233.
75. Deutsch: I,273–330; engl.: I,261–321.
76. Der deutsche Text hat als Überschrift dieses Teiles: Gott und Welt. Er hat damit die sinnvolle Beziehung von meaning (Kpt. IV) zu actuality (Kpt. X) – beide unter dem Oberbegriff reality (!) – zerstört.

Widmen wir uns dem Mittelpunkt dieses Ganzen. Zwischen der Frage, die aus dem Sein aufsteigt, und der Aktualisierung Gottes als der Antwort liegt die Behandlung der Religion. Diese Behandlung ist zweigeteilt. Erstens wird eine phänomenologische Beschreibung gegeben. Zweitens werden typologische Überlegungen angeschlossen. Der erste Teil, die phänomenologische Beschreibung, meint nicht eine religionsphänomenologische Beschreibung der Religionen. Tillich will vielmehr – nach S. 129 des I. Bandes der deutschen Ausgabe – in jedem der fünf Teile der Systematischen Theologie eine phänomenologische Erörterung der Hauptbegriffe anstellen, um die es in dem betreffenden Teil geht[77]. Diese phänomenologisch genannte Beschreibung setzt mit Gott als der Antwort auf des Menschen Begrenztheit ein und stellt fest: Gott sei der »Name« für das, was den Menschen letztlich angehe. Aus dieser Kennzeichnung der Antwort entwickelt Tillich dann sogleich[78] das Kernproblem: 1. Was uns angeht, wird erfahren. Was erfahren wird, kann nur konkret erfahren werden. 2. Was unbedingt angeht, muß alles Konkrete transzendieren. Damit verliert es seine Konkretheit. »Das ist die unausweichliche innere Spannung in der Gottesidee.« Mit dieser Entfaltung kommt Tillich zu einer Definition der Bedeutung des Gottesbegriffes: »Götter sind Entitäten, die den Bereich der normalen Erfahrung transzendieren.«[79] Tillich sagt, damit sei das Werkzeug gegeben, mit dem man die religiös genannten Phänomene erläutern könne. Die Durchführung dieser Behandlung sagt nichts Neues, exemplifiziert nur die Spannung von Konkretheit und Transzendierung. Am Ende kommt Tillich freilich auf eine wichtige Überlegung. Er sagt, es ergebe sich, daß die Götter nicht Objekte im ganzen Zusammenhang der Welterfahrung seien. Sie transzendieren vielmehr die Spaltung zwischen Subjektivität und Objektivität!
An diese Erwägungen zu dem »Namen« Gott schließt Tillich eine Darstellung Gottes im Verhältnis zur Idee des Heiligen: In diesen Überlegungen wird Gelegenheit genommen, das Heilige und damit den »letztlich angehenden« Gott dem Dämonischen entgegenzustellen. Dies kann die Wahrnehmung des ultimate concern in seiner ganzen Breite – von der prophetischen Kritik im Alten Testament und der philosophischen Bestreitung des Dämonischen in Griechenland über die Reformatoren zu modernen revolutionären Bewegungen – zeigen. Auch das Profane und die Sünde kommen als Gegenbegriffe zur

77. Tillich bezieht sich an dieser Stelle auf *E. Husserl* und sein Werk »Ideen zu einer reinen Phänomenologie und phänomenologischen Philosophie« von 1913, in der engl. Übers. von 1931.
78. Deutsch: I,247; engl.: I,234.
79. Deutsch: I,248; engl.: I,235. Die deutsche Ausgabe übersetzt beings mit »Wesen«. Das macht den Sachverhalt unklar. Gemeint ist von Tillich die konkrete erfahrbare Seinshaftigkeit. Dies gibt der Begriff der Entität wieder.

Sprache. Dieser Teil[80] dient offenbar nur einer Explikation des im ersten Teil Gesagten.
Anders ist das mit den typologischen Überlegungen, die Tillich anschließt. Er erörtert zunächst das Verhältnis solcher Typologie zur Religionsgeschichte. Tillich kommt zu dem Ergebnis, man müsse von jeder Religion eine Typologie der konkreten Erscheinungen in ihr haben: »Typen sind ideale Strukturen.«[81] Sie geben das Konkrete nur annähernd wieder. Aber man braucht eine Typologie. Jedes geschichtliche Ereignis ist nämlich durch seinen Typus zugänglich. Der Typus wird von einem vorausgesetzten Begriff aus erschlossen. Ein Gottesbegriff bestimmt also die Typologie der Gottesidee. Tillich meint, sein Begriff vom ultimate concern sei weit genug, um sowohl dem Buddhismus wie dem Vedanta gerecht werden zu können. Warum man so verfahren soll? Um überhaupt vergleichen zu können. Es wird fast nur unter der Hand deutlich, daß Tillich um dieser Schwierigkeit willen auf die Typologie kommt. Es ist nicht möglich, Religionsgeschichte als solche zu treiben. Sie führt am möglichen Vergleich wie schon an der Frage nach einem Fortschritt in der Geschichte der Religionen vorüber. »Was möglich ist, ist eine Beschreibung typischer Prozesse und Strukturen.«[82] Wenn man Religionsgeschichte systematisch betreiben will, das heißt, wenn man die wichtigen Vergleiche religionsgeschichtlicher Art einbringen will, dann, so meint Tillich, muß man typologisieren. Man kann also nur die typischen Strukturen zweier Religionen als historischer Erscheinungen vergleichen. Dabei ist natürlich das Christentum als historische Religion stets einbezogen. »Nachdem dies getan ist, kann man den letzten Schritt tun: Beide, das Christentum und die nicht-christlichen Religionen können und müssen dem Kriterium der letztgültigen Offenbarung unterworfen werden.«[83] Von diesem Ende ist man etwas verblüfft. Hier setzt sich eine Denkstruktur – idealistischen Gepräges – durch, die bei Tillich überall zu finden ist. So ernst er das geschichtlich Konkrete auch nehmen will, es gibt jenseits aller historischen Gestalt stets ein Letztes. Dieses Letzte ist offenbar auch bestimmbar, so daß es als Kriterium dienen kann.
In diesem Modell kommt in gewisser Weise auch die Grundspannung der Gottesidee – mit dem Konkreten und seiner Transzendierung – zum Ausdruck, bzw. diese Grundspannung verdankt ihre Beobachtung dem gleichen Modell. Die Sicht der Korrelation eines konkreten geschichtlichen gestalthaften Veränderlichen und eines letztlich ungeschichtlichen ungestalteten Unveränderlichen als Kriterium bestimmt die Konzepte. Die Religionen, und dazu gehört das Christentum mit all seinen konkreten Erscheinungen, stehen

80. Deutsch: I,251–254; engl.: I,238–242.
81. Deutsch: I,255; engl.: I,245.
82. Deutsch: I,255; engl.: I,243.
83. Deutsch: I,257; engl.: I,245.

auf der einen Seite – typologisch vergleichbare »Religion« in allem. Und auf der anderen Seite steht, sie alle kritisch überholend, das, was den Menschen letztlich angeht. Die Korrelation dieser beiden Seiten stellt die »Sache« dar, um die es in der Geschichte der Religionen geht.

Von hier aus und um dieser begrifflichen Möglichkeiten willen macht Tillich sich nun an die Typologie. Da gibt es Typen des Polytheismus, Typen des Monotheismus und ihre »philosophischen Umformungen«. Diese Typen brauchen uns hier im einzelnen nicht zu beschäftigen. Sie sind vom vorausgesetzten Gottesbegriff aus gefolgert und insofern unerheblich, als sie nicht aus dem religionsgeschichtlichen Material geschöpft sind. Dabei spielt aber überall die Spannung zwischen dem Prinzip des Konkreten und dem Prinzip der Letztlichkeit[84] immer wieder eine maßgebende Rolle. Die religionsgeschichtliche Tatsache z. B., daß ein »absoluter Polytheismus« nicht nachweisbar ist, wird von Tillich aus diesen Prinzipien heraus als notwendig erwiesen. Dies wird man hier wie auch sonst in dieser Theologie feststellen: Tatsachen, die so und so sind, werden daraufhin durchdacht, daß und warum sie so und so notwendig sein müssen.

Die Religions-Typologie, die Tillich aus seiner Gottesidee entfaltet, wird von ihm in die philosophischen Systeme verfolgt[85]. Tillich meint zeigen zu können, daß die verschiedenen philosophischen Systeme alle ihre religiöse Entsprechung und Grundlage haben und daß sich eine religiöse Typenlehre daher auf die Philosophie übertragen läßt. Die Offenheit des Seins-Selbst liegt den religiösen Grunderfahrungen wie der Philosophie zugrunde.

Fragen wir nun nach dieser kurzen Skizze, was Religion hier für Tillich bedeutet. Es ist ersichtlich, daß wir in der Herleitung der Religion aus der Gebrochenheit des Seins der Bestimmung Paul Althaus' sehr nahestehen. Für Tillich wie für Althaus liegt Religion im Dasein und zwar in seinem Scheitern selbst. Aus dem Dasein steigt ein unabweisbares Fragen auf und setzt Religion in Bewegung. Jedoch bei Althaus ist die Geordnetheit der Welt als Natur wie als Geschichte – ihre rationale Erschließbarkeit – Selbstbezeugung Gottes. Bei Tillich aber ist Gott als Letztlich-Angehender das Gegenüber zur Existenznot. Man könnte es wohl so sagen: Bei Althaus wie Tillich wird Religion durch die Existenznot in Bewegung gebracht. Bei Althaus aber tritt Gott aus dem Weltgeschehen selbst hervor. Bei Tillich stellt Religion das Gegenüber zum Geschehen dar. Bei Althaus stellt die Geordnetheit der Welt eine Spur

---

84. Ultimacy verwendet Tillich hier (I,246). Der deutsche Text hat auf diesen Seiten fast durchgehend ultimate und ultimacy mit unbedingt und Unbedingtheit wiedergegeben, obwohl Tillich beide an manchen Stellen (z. B. I,238 Zeile 7–9) deutlich unterscheidet. Der deutsche Text (I,250) läßt diesen Satz aus.

85. Deutsch: I,267–272; engl.: I,259–260.

Gottes dar und eine Selbstbekundung, auf die der scheiternde Mensch sich einlassen kann. Bei Tillich ist die Darlegung viel mehr auf ein Frage-Antwort-Schema ausgerichtet: Das Sein ist in seiner Begrenztheit Frage und hat als Frage die Antwort, aber hat sie doch nur als Frage[86]. Die Offenheit des bedrohten Seins als diese Frage bzw. die über sich hinausdrängende Entfremdung zielen auf die Antwort: Gott als das unentfremdete Sein selbst. Dieses ultimate kann akut werden, aber »nur durch das Konkrete, durch das, was vorläufig und vergänglich« ist[87]. Dieses Konkrete sind die Religionen. Ihr Besonderes (every special event) »ist unserem Verständnis offen durch den Typ, zu dem es gehört«. Dahinter steht die allgemeine These: »Das Einzelne kann nicht ohne Beziehung auf den Typ beschrieben werden.«[88] Darum sind die Religionen nur als Typen beschreibbar – damit bleiben sie selbst freilich außer Betracht.

Zu Beginn der Christologie im II. Band der Systematischen Theologie (Kpt. XVI) kommt Tillich erneut auf die Religionen zu sprechen[89]. Tillich will in diesem XVI. Kapitel von der Entfremdung des Menschen aus als Gegebenheit die Christologie vorbereiten. Dabei kommt es darauf an klarzumachen, daß die in der Entfremdung aufkeimende Frage nach dem Neuen Sein der Grund der Möglichkeit der Annahme des Neuen Seins ist. Dies stellt Tillich in drei Schritten dar.

Erstens faßt er den Sachverhalt der Entfremdung in seiner Ausrichtung auf das Neue Sein zusammen. Zweitens erörtert er diese Ausrichtung auf das Neue Sein, die unter den Bedingungen der entfremdeten Existenz erfolgt, als den Weg der Selbsterlösung in der Religion. Und drittens schließt er daran eine Besprechung des Messias-Symbols. Es geht Tillich in diesem Kapitel also darum, einleitend die Universalität der Frage der Lösungsversuche als Religion wie des Christus-Symbols darzulegen.

Tillich geht im ersten Teil von dem Sachverhalt der »Existenz als Schicksal« oder von der »Knechtschaft des Willens«[90] aus. Unter der »Knechtschaft des Willens« versteht Tillich den universalen Ausdruck dafür, daß es dem Menschen unmöglich ist, seine Entfremdung zu durchbrechen. Zwar hat der Mensch begrenzte Freiheit. Seine Entscheidungen fallen gegen die Entfremdung. Dies sind tatsächlich Akte seiner essentiellen Freiheit. Aber im Um-

---

86. ST I,231: The question of God *can* be asked because there is an unconditional element in the very act of asking any question. The question of God must be asked because the threat of non being, which man experiences as anxiety, drives him to the question of being conquering non-being and of courage conquering anxiety.
87. Deutsch: I,254; engl.: I,242.
88. Deutsch: I,256; engl.: I,243.
89. Deutsch: II,87–98; engl.: II,91–102.
90. Deutsch: II,87–89; engl.: II,91–92.

schluß seiner Existenz erreichen sie das Ziel nicht. Der Mensch kann die Entfremdung nicht aus eigener Kraft überwinden.
Auf dem Hintergrund dieser »Tragik« entwirft Tillich nun ein Bild der Religion als »Weg der Selbst-Erlösung«. In der Religion konzentriert sich das Fragen nach der Durchbrechung der Entfremdung. Dies kann freilich nur sein, weil das Erfragte schon da ist: »Die Frage nach Erlösung kann gestellt werden allein, wenn die Erlösung bereits am Werke ist – da spielt es auch keine Rolle, wie fragmentarisch dies der Fall ist.«[91] Das heißt also, daß der menschliche Aufbruch aus der Entfremdung heraus das zu erreichende Ziel zu seiner Voraussetzung hat[92]. Religion, so meint Tillich von hier aus, sei also zweideutig: Einerseits ruhe sie »auf Offenbarung« – wie Tillich diese vorausgesetzte Wahrheit hier benennt, andererseits greife sie nach Selbst-Erlösung. Religion sei keines von beiden rein. Religion »entstellt«, was sie empfing, und geht fehl in dem, was sie zu vollenden sucht. Dies ist die Tragik der Religion.«[93]
Auch hier entfaltet Tillich so etwas wie eine Typologie, wenn er es hier auch nicht so nennt. Er spricht von den legalistischen, den asketischen, den mystischen und den sakramentalen, doktrinellen und emotionalen Wegen der Selbsterlösung. Tillich ist in diesen Überlegungen von der Religions-Geschichte – also von den wirklich gelebten Religionen – noch weiter entfernt als im I. Band. Wenn er beispielhaft Hinweise gibt, so bezieht er sich auf christliche Erscheinungen. Daher ist mit dieser Typologie auch nicht viel anzufangen. Das gesetzliche und das asketische Prinzip z. B. sind de facto meistens verbunden. Das heißt, daß die Wege asketischer Vervollkommnung stets gesetzliche Züge an sich tragen. Gesetzliche Religions-Übung aber ist in bestimmter Weise auch stets asketisch bestimmbar. Auch der mystische Weg ist schwerlich in dieser Weise neben gesetzlich und asketisch haltbar. Der letzte Abschnitt mit dem sakramentalen, doktrinellen und emotionalen Weg versucht offenbar nochmals, ganz andere Wege zu gehen. Der emotionale Weg z. B. weist auf eine andere Fragestellung als das Sakramentale im Gegensatz zum Doktrinellen. Man hat den Eindruck, daß hier einige populäre Einteilungsprinzipien ohne ernsthafte Überprüfung nebeneinandergestellt sind. Tillich fügt diesen Klassifizierungen dann noch eine weitere heterogene Unterscheidung an als »ungeschichtliche und geschichtliche Erwartungen des Neuen Seins«[94]. Es ist Tillich ganz deutlich, daß er hiermit ein ganz eige-

91. Deutsch II,89, der letzte Halbsatz ist in der deutschen Ausgabe weggelassen; engl.: II,93.
92. Tillich nennt diesen Sachverhalt den theologischen Zirkel. Er sagt hier, daß derselbe eine Folge des nicht deduktiven, sondern existentiellen Charakters der Theologie sei.
93. Deutsch: II,90, der Mittelsatz fehlt in der deutschen Ausgabe; engl.: II,93.
94. Deutsch: II,96–98; engl.: II,100–102.

nes Gebiet gegensätzlicher Erfassung des Neuen Seins betritt. Er meint, die polytheistischen Religionen seien vorwiegend nicht-historisch. Mit dieser Überlegung tendiert Tillich auf den Abschnitt über das Messias-Symbol, d. h. auf eine streng geschichtliche Sicht des Heils.
Nach dem, was wir im I. Band über die Religion gesagt fanden, sieht dies hier ja sehr anders aus. Hier ist der Gegensatz zwischen der Religion – und dazu gehört auch das Christentum – und dem Kommen des Neuen Seins ungewöhnlich scharf profiliert. Diese Religion hier im II. Bande hat erstens die Gegenwart des Neuen Seins – das heißt der Lösung der Entfremdung – zu ihrer Voraussetzung. Zweitens verdreht die Religion als Religion ihre eigene Voraussetzung und betritt den Weg der Selbsterlösung. Damit ist, wie Tillich sagt, die Tragödie der Religion gegeben. Drittens ist aber auch ein krasser Gegensatz zwischen den religiösen Wegen und dem Neuen Sein statuiert. In dieser Ausprägung ist zwar nicht von den wirklichen Religionen die Rede, angesichts derer auch so nicht von Selbst-Erlösung geredet werden könnte. Man denke nur mit einem Gedanken an die großen buddhistischen Religionen Zentral- und Ost-Asiens, um zu wissen, daß diese Ansicht von der Religion als Selbst-Erlösung dort strikt als Gegenteil von dem Weg des Lebens erkannt ist. Aber auch in Hinsicht auf den Pietismus, das orthodoxe Luthertum und den römischen Katholizismus, die Tillich als Exponenten des emotionalen, des doktrinellen und des sakramentalen Weges der Selbst-Erlösung zitiert, ist die These wohl in dieser Form völlig unhaltbar. Zwar gibt es einzelne Erscheinungen im Bilde dieser religiösen Gruppen, die vielleicht in dieser Richtung interpretierbar sind. Aber die Tatsache z. B., daß Teilnahme am Sakrament Voraussetzung von Erlösung ist, kann schwerlich im Sinne von Selbst-Erlösung interpretiert werden. Das Sakrament ist ja gerade der Ort der unverdienbaren Gnade. Da muß man wohl religions- und dogmengeschichtlich sehr viel tiefer ansetzen, um mit solchen Entgegensetzungen zurechtzukommen.
Für uns ist interessant, daß Tillich neben der Herleitung der Religion aus dem Leben und seinen Bedingtheiten selbst, wo die Gottesfrage aus der religiösen Frage hervorwächst, nun bei der Grundlegung der Christologie diesen scharfen antithetischen Kurs einschlägt. Wir beobachteten dasselbe bei Althaus. Neben dem verbindlichen Herleiten der Uroffenbarung, wo die Verbindungen von Welt, Mensch und Gott in den Selbstbekundungen Gottes ausgebreitet werden, steht der scharfe, kämpferische Gegensatz von Evangelium und Religion. Die Analogie zwischen Tillich und Althaus ist unübersehbar. Die Ausführung des Gegensatzes freilich liegt anders: Bei Althaus verläuft die Scheidelinie zwischen den Religionen und dem Christentum. Bei Tillich verläuft sie zwischen der Religion inclusive des Christentums und dem Neuen Sein bzw. der Tat Gottes. Die Linie der Trennung wird andersartig bestimmt. Die grundsätzlich analoge Beurteilung ist dadurch nicht aufgehoben. Die »Struktur« der Sicht Althaus' und Tillichs scheint sehr ähnlich zu sein.

Tillich handelt in der Systematischen Theologie noch ein drittes Mal von Religion, und zwar im Zusammenhang des III. Bandes der ansatzhaften Darstellung einer »Kulturtheologie«. Der IV. Teil des Gesamtwerkes mit seinem Titel »Leben und Geist« gilt der Darlegung der »Gegenwart des göttlichen Geistes«. Der göttliche Geist manifestiert sich in bezug auf das geschichtliche Leben der Menschheit (Kpt. XXV–XXX). Als Hinleitung zu diesem Wirken des Geistes entfaltet Tillich die Frage »des Lebens« nach Unzweideutigkeit aus der Darlegung der Zweideutigkeiten des Lebens heraus (Kpt. XXII bis XXIV). Diese Hinleitung hat ihre Analogien in der Hinleitung zur Gotteslehre, da begegneten wir der Religion zum ersten Mal, in der Hinleitung zur Christologie, wo wir die Religion zum zweiten Mal beobachteten. Hier in der sehr breiten Hinleitung zur Geist-Gegenwart taucht die Religion ein drittes Mal auf.
Die Gegenwart des Göttlichen Geistes hat ihre Möglichkeit in der Dimension des Geistes. Das Leben nämlich insgesamt stellt Tillich als vieldimensionale Einheit dar. Mehrere Dimensionen zeigt das Leben – so das Anorganische, das Organische und das Geistige. Dieses Geistige verwirklicht sich in der Dimension der Geschichte. Jedenfalls ist die Dimension des Geistes auf das menschliche Dasein beschränkt. Wir brauchen uns mit dieser Mehrdimensionalität im einzelnen nicht zu befassen. Wir haben es bei der Religion nur mit der Dimension des Geistes zu tun. Die Dimension des Geistes lebt nämlich in drei »Funktionen«. Das ist erstens die unablässige Selbstintegration des menschlichen Daseins, die ihren geistigen Ausdruck in der Moralität hat. Das ist zweitens die unablässige Selbstschaffung des menschlichen Daseins, die ihren geistigen Ausdruck in der Kultur hat. Die Religion ist also die dritte Funktion als unablässige Selbsttranszendierung des menschlichen Daseins. Diese drei Funktionen sind eine Einheit, die sich dem Versuch des Verstehens auseinanderlegen. Die beiden ersten Funktionen sind in der sogenannten »geschichtlichen Dimension« sowieso ein und derselbe Akt des Lebens[95]. Moralität und Kultur liegen ineinander und können nur künstlich getrennt und unterschieden werden. Aber auch die Religion gehört essentiell mit Moral und Kultur unmittelbar zusammen. In der Existenz aber finden Unterscheidung und Trennung statt[96].
Die Religion definiert Tillich in diesen Zusammenhängen zunächst als »Selbst-Transzendierung des Lebens in der Dimension des Geistes«[97]. Diese Religion ist in der Existenz von der Moral und Kultur als profane Größen getrennt. Aber die Definition besagt auch, daß Religion vor allem »als eine Qualität der beiden anderen Funktionen und nicht als eine unabhängige Funktion« (ebd.) angesehen werden darf. Dies ist logisch notwendig, sagt Tillich,

---

95. Deutsch: III,99; engl.: III,85.
96. Deutsch: III,117; engl.: III,101 f.
97. Deutsch: III,118; engl.: III,102.

denn wäre diese Selbst-Transzendierung eine eigene Funktion, so müßte sie selbst sich ständig transzendieren. Diese Folgerung sei zugleich, sagt Tillich, das wesentliche Argument gegen Religion als einer Funktion des Geistes, denn es sei konsequent für Vertreter einer Offenbarungsreligion, diesen Religionsbegriff abzulehnen (ebd.). Tillich hat in dieser Definition also damit Ernst gemacht, was im I. und II. Bande bereits angelegt war, Religion nämlich zunächst ganz als Funktion des Lebens selbst in der Dimension des Geistes zu begreifen. Diese Selbst-Transzendierung führt Tillich denn auch über die Darstellung der Größe und Würde ein, die zum Heiligen führen[98]. Darin, daß das Leben Größe als Seinsmächtigkeit zeigt, rückt es – z. B. im griechischen Heros – der göttlichen Sphäre nahe. Tillich meint also mit dieser Religion »Selbst-Transzendierung im Sinne von Größe«. Das Leben überschreitet in seiner Seinsmächtigkeit seine eigene moralische und kulturelle Gegebenheit. Zu dieser »Größe« gehört aber auch die »Selbst-Transzendierung als Würde«[99]. Tillich macht klar, daß er mit dieser Aufgipfelung des Lebens aus sich selbst und in sich selbst wirkliche Religion meint, denn er spricht vom Polytheismus, dessen Götter nie allein Größe, sondern auch Würde repräsentieren. Er behandelt in diesem Zusammenhang sogar auch den Monotheismus, der nämlich die Gefahr enthalte, alle Größe und Macht dem Gott zuzuschreiben und damit alle Dinge zu bloßen Objekten zu machen.
Mit diesem ersten Begriff von Religion stellt Tillich Thesen von der Religion auf, die in der Lebensbewegung in der Dimension des Geistes selbst lebt oder zum Leben kommt. Die polytheistischen und auch monotheistischen »Götter« sind Vergrößerungen des Lebens selbst. Sie sind nichts anderes als dies Leben – natürlich qua Moralität und Kultur – in seiner Selbst-Transzendierung. In der Dimension des Geistes geschieht diese Transzendierung. Sie ist ein Spezifikum dieses Geistes. Damit ist das früher sogenannte religiöse a priori z. B. von Ernst Troeltsch erneuert, oder man kann auch an die transzendentale Anthropologie Karl Rahners denken. Tillich läßt die Religion aus der Dimension des Geistes als Vergrößerung von Größe hervorgehen. Diese Religion stellt nun freilich das Problem, wie sie im Leben neben Moral und Kultur als eine »eigenständige Realität«[100] auftauchen kann. Tillich beantwortet diese Frage mit dem Hinweis auf die Säkularisierungs-Prozesse in Moralität und Kultur. Aber das Phänomen, das er meint, und das man als Segmentierung der Lebensbereiche kennt, hat ja wohl auch in der Religion selbst lie-

98. Deutsch: III,108–116; engl.: III,92–100.
99. Diese Ausführungen stehen im wesentlichen in der deutschen Ausgabe III,109f., in der engl. Ausgabe III,94f. Was Tillich neben der Größe hier über die Würde zu sagen weiß, ist sehr unbefriedigend und leider nur ein Hilfsgedanke.
100. »As an independent reality« III,103. Die deutsche Ausgabe sagt »als eine Sondersphäre (z. B. in der Form der Kirche)« III,118.

gende Momente. Die Schlußfolge, die Tillich hier aus diesen Überlegungen zieht, lautet: »Religion als Selbst-Transzendierung bedarf der Religionen und bedarf ihrer Verneinung.«[101] Das heißt, diese Religion als ein Vorgang, der als solcher nicht sich selbst gelten kann, wird zur geschichtlichen Eigengestalt, an der er sich nur als Verneinung auswirken kann.

Aber Tillich zeigt an dieser Stelle auch einen zweiten Religionsbegriff. Man muß eben auch von der Heiligkeit der Religion sprechen, »insofern sie auf Manifestationen des Heiligen selbst, nämlich des Grundes des Seins beruht. Jede Religion ist Aufnahme von Offenbarungserfahrungen und Antwort auf sie.«[102] Dieser Religionsbegriff steht dem ersten gegenüber. Hier ist Religion keine Selbst-Transzendierung des Lebens, sondern Antwort auf Anforderungen von »jenseits« des Lebens. Die Einführung dieses zweiten Religionsbegriffs ist wichtig, um das Dämonische angemessen bestimmen zu können. Eine der religiösen Zweideutigkeiten ist für Tillich der Gegensatz zwischen dem Göttlichen und dem Dämonischen. Das Dämonische heißt für Tillich, daß ein irdischer Träger des Heiligen zum Göttlichen erklärt wird. Der Vorgang, den wir oben sahen, daß »irdische« Personen über den Weg der Größe zu Gottheiten transzendiert werden, ist also akute Dämonisierung. Endliches wird zum Göttlichen hochstilisiert. So legt Tillich[103] den Vorgang des Dämonischen dar. Dies hat freilich nur Sinn unter dem zweiten Religionsbegriff, denn von hier aus ist die genannte Funktion der Selbst-Transzendierung als Religion nichts anderes als Dämonisierung! Das heißt, daß sich diese beiden Religionsbegriffe tatsächlich ausschließen[104]. Tillich führt aber beide trotzdem nebeneinander! Das ist verwirrend, denn es sieht nun so aus, als gelte die Gegensätzlichkeit von göttlich und dämonisch in demselben Sinne der Religion als Selbsttranszendierung wie der Gegensatz von heilig und profan. Das aber ist nicht der Fall. Die beiden Religionsbegriffe überlagern sich vielmehr in den Teilen der Zweideutigkeit.

Den zweiten Religionsbegriff führt Tillich im XXVI. Kapitel weiter, in dem es um die »Manifestation der Geist-Gegenwart in der geschichtlichen Menschheit« geht. Hier stellt Tillich gleich zu Anfang[105] fest, daß der göttliche Geist

---

101. Deutsch: III,119; engl.: III,104.
102. Deutsch: III,120; engl. III,105.
103. Deutsch: III,125; engl.: III,109.
104. Tillich hat selbst darauf hingewiesen, daß Angehörige einer Offenbarungsreligion seinen ersten Religionsbegriff als Funktion des menschlichen Geistes ablehnen mußten (deutsch: III,118; engl.: III,103). In diesem Gegensatz kehrt die Beobachtung von oben wieder, wo Tillich a) Religion aus dem Leben selbst entwickelte als Einführung des Gottesglaubens, wo er aber b) diese Religion in der Einführung zur Christologie nur als abzulehnenden Versuch von Selbst-Erlösung selbst ablehnen mußte.
105. Deutsch: III,165f.; engl.: III,148f.

sich in aller Geschichte gegenwärtig erweise und überall wirke. Er stellt den kühnen Satz auf: »Die Menschheit ist niemals allein gelassen, der göttliche Geist wirkt in ihr in jedem Augenblick und kommt in einigen großen Augenblicken – in den geschichtlichen kairoi – zum Durchbruch.«[106] Der Mensch partizipiert an dieser Gegenwart des Geistes – ständig, aber nur »fragmentarisch«, wie Tillich das nennt. Dieses Fragmentarische nennt er auch antizipatorisch. Der Geist ist also nicht vollendet da, sondern nur in Antizipationen, und das heißt fragmentarisch.

Dieser Sachverhalt ist für uns wichtig, denn Tillich nennt den folgenden Abschnitt: »Die Gegenwart des Geistes und die Antizipation des Neuen Seins in den Religionen«[107]. Das heißt, die Religionen sind solch antizipatorische Geist-Gegenwart. Das Neue Sein manifestiert sich in den Religionen – wenn auch fragmentarisch bzw. antizipatorisch. Wir haben es hier mit dem zweiten – man kann sagen: dem christologischen – Religionsbegriff zu tun: In den Religionen als Religionen manifestiert sich das Neue Sein. Tillich meint, man könne unter dieser Überschrift eine ganze Religionsgeschichte schreiben, da man mit dieser Auffassung Sinn in die chaotische Mannigfaltigkeit der Religionsgeschichte bringen könne. Auch hierzu entwirft Tillich wieder eine Typologie, denn er meint auch hier, nur so sei das Vielerlei der Religionen zu erfassen. Diese Typologie ist freilich noch mangelhafter als frühere. Da rangiert an erster Stelle »die ursprüngliche Mana-Religion«. In dieser Religion, meint Tillich, werde die Gegenwart des Geistes »in der Tiefe alles dessen, was ist« angenommen. Danach folgt die »Religion der großen Mythologien, wie in Indien und Griechenland«. Hier manifestiert sich der Geist ekstatisch. Man erfährt nicht, was das heißt. Jedenfalls sind in diesen Religionen Kräfte am Werk, in denen der Geist sich gegen Dämonisierung und Profanisierung auswirkt. Tillich meint, dies an den griechischen Mysterienreligionen zeigen zu können. Eine Unterart dieser mythologischen Stufe soll dann die »dualistische Reinigung der mythologischen Phase« sein. Dabei wurde jeweils der eine Gott von »jeder dämonischen Versuchung« befreit[108]. Der dritte und vierte Typus der Geist-Gegenwart in den Religionen soll dann die »Mystik – asiatisch ebenso wie europäisch – und der exklusive Monotheismus des Judentums wie der Religionen, die auf ihm gründen«[109], sein. In beiden Typen wird der Kampf gegen die Dämonisierung in besonderer Weise geführt. In allen diesen vier Typen scheint Manifestation des Neuen Seins feststellbar zu sein am Kampf gegen das Dämonische. Abgesehen von der »ursprünglichen

106. Deutsch: III,166; engl.: III,149.
107. Deutsch: III,168; engl.: III,151.
108. Deutsch: III,169; engl.: III,152.
109. Deutsch: III,169; engl.: III,152.

Mana-Religion« zeigt Tillich an seinen Typen diese Auseinandersetzung als Kern der Sache.
Diese Typologie ist wenig überzeugend, zumal man schwerlich die sogenannte Mana-Vorstellung als Inbegriff eines Religionstypus aufrecht erhalten kann. Das, worauf es uns ankommt, ist aber, daß hier ganz eindeutig wird, daß Tillich den Kampf gegen die Zweideutigkeit der Dämonisierung dem zweiten Religionsbegriff zurechnet. Das kann ja auch nicht anders sein. Diese Religion heißt Geist-Gemeinschaft auf Grund der Manifestation des Neuens Seins! In einem späteren Abschnitt führt Tillich diese in allen Religionen »latent« wirkende Geist-Gemeinschaft auf den ultimate concern zurück und zeigt, wie in den verschiedenen Religionstypen dieses Moment vorhanden ist, bis hin zu den Quasi-Religionen wie dem Kommunismus. Es ist einleuchtend, daß Tillich von diesen Grundlagen aus die Geistgemeinschaft der Religion im engsten Sinne als Lebensfunktion, die eine Geschichtsgestalt hat, entgegensetzt[110]. Der engere Begriff von Religion meint den Vorgang, in dem die Selbsttranszendierung zur Eigengestalt – z. B. einer Kirche – wird, und sich damit von Moral und Kultur scheidet. Die Geistgemeinschaft stellt die essentielle Einheit von Moralität, Kultur und Religion wieder her. Damit ist es klar, daß »Religion im engeren Sinne« in der Geistgemeinschaft keinen Platz hat. Aber »Religion im weiteren Sinne« hat in ihr Platz. Das ist die Religion als Manifestation des Neuen Seins. Sie verläuft quer zu allen kirchlichen und religionsgeschichtlichen Sonderungen in allen Geist-Gemeinschaften. Zwar ist dieser Vorgang nur fragmentarisch und antizipatorisch. Aber er eint Religion, Kultur und Moralität.
So ist es denn nur eine Bestätigung dieser Gedanken, wenn am Ende des Kapitels XXVII über die Gegenwart des Geistes und die Zweideutigkeit der Religion ein Abschnitt die Überschrift trägt: »Die Überwindung der Religion durch die Gegenwart des Geistes und das Protestantische Prinzip«[111]. Dieser Abschnitt ist mit dem Satz eingeleitet: »Insofern die Geist-Gegenwart in den Kirchen und ihren einzelnen Gliedern wirkt, überwindet er Religion als eine spezielle Funktion des menschlichen Geistes.«[112] Die Geist-Gegenwart also, die latent in allen Religionen und in der Menschheit überhaupt am Werke ist, überwindet alle Religion im Sinne von Selbsttranszendierung des Lebens und der Dimension des Geistes als eigene Lebensgestalt. Diese Überwindung der Religion bedeutet nicht Säkularisation, sondern heißt, daß die essentielle Einheit von Moralität und Kultur auf der einen und Religion als eigene Lebensgestalt auf der anderen Seite »fragmentarisch« hergestellt wird. Wir ha-

110. Deutsch: III,185f.; engl.: III,167ff.
111. Deutsch: III,275f.; engl.: III,258ff.
112. Deutsch: III,279; engl.: III,258.

ben oben schon darauf hingewiesen, daß in diesen Zusammenhängen Tillichs Idee vom sogenannten »Protestantischen Prinzip« wieder aufgenommen wird. Das führt Tillich hier aus. Das »Protestantische Prinzip« stellt die Überwindung der Religion als geschichtlicher Gestalt durch die Religion als Geist-Gegenwart dar. Diese Religion als Geist-Gegenwart ist ohne geschichtliche Gestalt das Freiwerden der Wirkung des Neuen Seins in und für Moralität und Kultur.

Mit diesen Überlegungen schließt Tillich sein Bild von der Religion sinnvoll ab. Nach dem Gesamtbild, das Tillich von der Religion entwirft, wird im Entscheidenden letztlich ein tiefer Unterschied zu Paul Althaus sichtbar. Für Tillich ist das Problem der Religion das Problem der Überwindung der geschichtlichen Religionen. Die geschichtlichen Religionen etablieren sich letztlich zu Unrecht. Die Funktion der Selbsttranszendierung des Lebens kann sich nur in Einheit mit Moralität und Kultur vollziehen, weil die Selbsttranszendierung nicht für sich selbst dasein darf. Soweit ist das Bild auch einsichtig. Aber es wird durchkreuzt von jener anderen Religion, für die alle Selbsttranszendierung Dämonisierung ist und die in der Manifestation des Neuen Seins besteht. Diese Manifestation des Geistes als Gegenwart des Neuen Seins oder des Seins selbst streicht alle Selbsttranszendierung als Dämonisierung.

Wenn wir die drei Behandlungen von Religion ansehen, so ergibt sich ein schwer durchschaubares unausgeglichenes Bild. *Zuerst* bringt das Elend des Daseins die Frage nach dem letztlich angehenden Sein hervor, die die Antwort in bestimmter Weise hat. Die Frage leitet in Religionen hinein, die mit ihrer Gottesfrage überleiten zu Gott als dem Sein selbst. *Zweitens* bringt die Entfremdung menschlichen Daseins die Frage nach dem Neuen Sein. Sie führt zu den Religionen als Selbsterlösung, die das Neue Sein kontradiktorisch aufhebt. Und *drittens* zeigt das Leben in der Dimension des Geistes Religion als Selbsttranszendierung, die sich in Religionen Gestalt gibt, die wiederum von der Geistesgegenwart aufgehoben werden.

Der Gesamtduktus dieser Gedanken zur Religion ist dem frühen Aufsatz über die Überwindung des Religionsbegriffs in der Religionsphilosophie treu geblieben. Es geht um die Überwindung der Religion als geschichtlicher Gestalt. Religion wie Kirche als Institution kann von hier aus letztlich nur negiert werden. Da in allen Religionen a priori der Geist gegenwärtig ist und da sie alle die richtige Frage stellen, so sind sie alle unter diesem Vorbehalt. Eine Typologie der Religionen unter dem Gesichtspunkt dieser »Schau« hat Tillich an keiner Stelle entworfen. Daher bleiben seine Überlegungen theoretisch und abstrakt.

3. Karl Barth

Das Verhältnis Karl Barths zur Religion, in dem er den ausschließenden Gegensatz zwischen dem christlichen Glauben als dem Exponenten der Offenbarung Gottes und den Religionen als Unternehmungen des Menschen setzt, ist viel behandelt und im großen und ganzen bekannt und abgelehnt. Aber die Abwendung von Barths Thesen zur Religion vollzieht sich meist zu rasch, ohne daß Barths Gedankenführung in dieser Sache wirklich begriffen wäre. Es muß einem ja doch auch zu denken geben, daß so dezidierte Gegner wie Paul Tillich und Karl Barth in dieser Frage offenbar analoge Schlüsse vollziehen. Jedoch die Tendenz, die beide in diesen Feststellungen verfolgen, ist vielleicht sehr verschieden. Jedenfalls müssen wir versuchen, den Gedankengang Barths noch einmal genau nachzudenken.
Der § 17 der KD Barths hat den Titel »Gottes Offenbarung als Aufhebung der Religion«. Damit ist das Ziel der Überlegungen genannt. Der Vorspruch erläutert dieses Ziel so, daß Gottes Offenbarung richtende wie versöhnende »Gegenwart Gottes in der Welt menschlicher Religion« ist. Die menschliche Religion aber charakterisiert der Vorspruch als »Bereich der Versuche des Menschen, sich vor einem eigensinnig und eigenmächtig entworfenen Bilde Gottes selber zu rechtfertigen und zu heiligen«. Zunächst kann man denken, daß Barth hiermit die Position Luthers erneuerte. Die Selbstrechtfertigung und Selbstheilung des Menschen ist ja der Tatbestand »Gesetz«, wie Luther die Religionen nennt und weswegen Luther zwischen den Religionen und dem Glauben an das Evangelium ja auch einen ausschließenden Gegensatz statuiert. Aber Barth geht über diesen Zusammenhang der Selbstrechtfertigung als Charakteristikum der Religion hinaus und hegt die Meinung, der Mensch habe das Gottesbild, vor dem er sich zu rechtfertigen suche, auch noch selbst entworfen. Damit hat Barth einen Gedanken Calvins aufgegriffen, der dies, daß die Menschen sich Götter erdichten, ja häufig verwendet, und als Kern der außerchristlichen Religionen anprangert[113].
Das erste Kapitel dieses § 17[114] heißt »das Problem der Religion in der Theologie«. Barth setzt seinen Gedanken von der Behandlung der Offenbarung Gottes aus an, deren objektive wie subjektive Möglichkeit der Geist Gottes, also das Handeln Gottes ist. Auch die Möglichkeit der Offenbarung liegt also bei

113. Luther kennt diesen Gedanken zwar auch. Man denke nur an seine Auslegung des 1. Gebotes im Großen Katechismus. Aber der Gedankenzusammenhang ist dabei für Luther ein anderer: Worauf der Mensch sich verläßt, das ist sein Gott.
114. KD I/2,305–324.

Gott und nicht beim Menschen (S. 305). Barth fährt fort, daß wir aber auch sehen müssen, daß die Offenbarung, wo sie ergeht, ein Stück »menschlicher Zuständlichkeit, Erfahrung und Tätigkeit« wird und daß damit das »Problem der menschlichen Religion« gestellt sei. Jedenfalls wird die Offenbarung ein geschichtliches Phänomen unter anderen: »Wir müßten die Offenbarung als solche leugnen, wenn wir bestreiten wollten, daß sie nun eben auch das Christentum ist« (S. 306). Die göttliche Offenbarung also wird eine geschichtliche Wirklichkeit, z. B. als christliche Kirche oder als ihr Kult. Indem diese Feststellung unausweichlich ist, wird es unabweisbar, daß es eben solche Phänomene, wie sie in der christlichen Kirche und ihrem Kult geschehen, nun ja vielfältig in den Religionen gibt. Das heißt, man muß anerkennen: »Gott ist in seiner Offenbarung tatsächlich eingegangen in eine Sphäre, in der seine Wirklichkeit und Möglichkeit umgeben ist von einem Meer von mehr oder weniger genauen aber jedenfalls grundsätzlich als solche nicht zu verkennenden Parallelen und Analogien in menschlichen Wirklichkeiten und Möglichkeiten« (S. 307). Diesen Sachverhalt erläutert Barth dann mit dem Begriff der Verborgenheit: »Gottes Offenbarung ist tatsächlich Gottes Gegenwart und also Gottes Verborgenheit in der Welt menschlicher Religion« (S. 307). Es bleibt zunächst bei dieser einfachen Feststellung, daß die Offenbarung Gottes in ihrem Ergehen in diese Sphäre von Parallelen und Analogien eingeht und damit als solche verborgen wird. Ihre »göttliche Einzigartigkeit« verbirgt sich »in einem menschlich bloß Eigenartigen« (S. 307). Diese Erwägungen werden dann mit der Feststellung abgeschlossen: Gottes Offenbarung »muß auch als ›Christentum‹ und also auch als Religion und also auch als menschliche Wirklichkeit und Möglichkeit verstanden werden« (S. 308). Anderenfalls muß man sie »gerade als Offenbarung leugnen«!

Von diesem Sachverhalt aus sieht Barth »ganz schlicht« (!) die Frage gestellt, ob Theologie, Kirche und Glaube den »Grund ihrer selbst« und damit sich selbst ernst nehmen, denn genau an dieser Stelle erhebt sich, so meint Barth, die große Versuchung, daß Theologie, Kirche und Glaube ihren »Gegenstand« preisgeben. In der Entscheidung, um die es hier für Theologie, Kirche und Glaube geht, steht nicht die Frage an, »ob Gottes Offenbarung auch als menschliche Religion und damit als Religion unter anderen Religionen zu verstehen ist« (S. 309). Diese Frage ist eindeutig positiv beantwortet. Die Frage, um die es vielmehr geht, ist die, ob »uns das, was wir über Wesen und Erscheinung der Religion zu wissen meinen, zum Maßstab und Erklärungsprinzip für Gottes Offenbarung zu dienen hat« (S. 309). Diese Frage überrascht. Aber es wird rasch deutlich, daß Barth damit gegen den sogenannten »modernistischen Protestantismus« Front machen will. Von diesem sagt Barth, er habe »die Offenbarung von der Religion her gesehen und erklärt« (S. 309). Der Nachweis, den Barth (S. 309–317) führt, schert leider alles nach einem Muster. Reinhold Seeberg wird zum Nachfahren von Buddeus, und

Chr. E. Luthard ist ein Kronzeuge dieser Umkehr von Religion und Offenbarung. Die Gleichmacherei dieses Exkurses verdeckt die wichtigsten Stationen dieses Weges und läßt z. B. Oetingers oder Zinzendorfs Rolle ebenso unbeachtet, wie die konträren Strömungen des 19. Jahrhunderts. Aber, worauf es ankommt, ist, daß Barth meint, daß mit dem Ende des 17. Jahrhunderts die christliche Offenbarung von der Religion her gedeutet sei und damit »zu einem Prädikat des neutral und allgemein Menschlichen« geworden sei. Diese Entwicklung nennt Barth eine Häresie. Nicht die sogenannte »freie Wahrheitsforschung« (S. 317), auch nicht das Eingehen der Theologie auf die Zeitfragen (S. 319) ist das Unglück gewesen. Die Theologie soll der Wahrheitsforschung wie den Fragen ihrer Zeit offen sein. Aber das Unglück war – wie Barth meint – daß die Theologie dem Zeitgeist »verfiel«, das heißt, daß sie ihr proprium, die Offenbarung, undeutlich werden ließ und letztlich »verlor« (S. 320).
Mit dieser Konklusion, die ganz allgemein den Tatbestand einer sich an den Zeitgeist verlierenden Theologie im Auge hat – Karl Barth zitiert dazu auch die »Deutschen Christen« – geht Barth nun zu positiven Forderungen über. Die erste ist (S. 321) die, daß man Religion und Offenbarung überhaupt nicht in ein Verhältnis zu bringen habe – auch wo man das tue, um der Offenbarung ihren Vorrang zu sichern. Man könne alles nur von der Offenbarung erwarten. Diese Postulate führt Barth (S. 322/323) fort, indem er anhand der Erklärung Luthers zum zweiten Artikel bei Jesus Christus dem Herrn ansetzt. Er meint, dieser Thetik müsse auch in der Einordnung der Religionen alles unterworfen werden. Es ist zwar nicht ganz einsichtig, warum Barth dabei immer wieder auf das Problem des »theologisch ernstzunehmenden Menschen« kommt, denn es geht ja um Religion, und Religion soll doch der Sachverhalt sein, der dadurch notwendig entsteht, daß Gott sich offenbart. Jedoch die Frage soll dann sein: »Was das sein möchte, was von der Offenbarung, vom Glauben her gesehen als Religion in der menschlichen Wirklichkeit sichtbar wird?« (S. 325). Auf diese Frage kann bei Barth natürlich nur ein christologischer Exkurs (S. 323/324) antworten. Barth meint, Religion und Offenbarung seien so einander zuzuordnen wie Gottheit und Menschheit in Jesus Christus einander zugeordnet seien. Freilich sei die Einheit von Gott und Mensch in Jesus Christus die Einheit eines vollendeten Geschehens; die Einheit von göttlicher Offenbarung und menschlicher Religion aber sei ein erst zu vollendendes Geschehen. Es gibt hier also eine Analogie. Barth nennt sie zu dieser Zeit noch analogia fidei. Die Religion ist von der Offenbarung gesetzt und umgriffen, so wie die Menschheit Jesu von der Gottheit. Die beiden Sachverhalte Offenbarung und Religion sollen also in eine angemessene Beziehung gebracht werden, »daß die Beziehung zwischen beiden wieder verständlich wird als identisch mit jenem Geschehen zwischen Gott und Mensch, in welchem Gott Gott ... der Mensch aber der Mensch Gottes ... ist« (S. 324). An dieser Erklärung

ist der Begriff der Identität schwer zu begreifen, denn es soll doch um Analogie und nicht um Identität gehen? Barth zieht aus diesem Satz die Folgerung, daß er also in »sinngemäßer Anwendung« der »christologische[n] Lehre von der *assumptio carnis* ... von der Offenbarung als der *Aufhebung* der Religion« (S. 324) rede.

Diese Aufhebung der Religion also kann dann ja wohl nur heißen, daß die Offenbarung die Religion so annehme und darin »aufhebe«, wie die Gottheit Christi die Menschheit Jesu angenommen und darin »aufgehoben« habe? Religion – und das betrifft ja doch wohl nicht nur den christlichen Glauben als Religion – ist »Menschlichkeit der Offenbarung« (S. 309)! Wo man diese Menschlichkeit leugnet, leugnet man die Offenbarung. Aber, diese Menschlichkeit soll nicht zum principium cognoscendi von Offenbarung werden. Das alles ist in sich schlüssig. Es fragt sich freilich, wie man von hier aus dem Islam oder dem Buddhismus »verstehend« begegnen soll. Barth meint mit dieser analogia fidei ja fraglos nicht eine Statuierung der Heilsträgerschaft aller Religionen, wie Karl Rahner das heute hochspekulativ aus der Christologie folgert, wie wir (unten C.II) sehen werden. Aber Barth kann mit dieser »Aufhebung der Religion« ja auch nicht meinen, daß von dieser Analogie aus die Religion einfach abgetan sei. Die Menschheit Jesu wird durch die assumptio carnis nicht etwa abgetan, sondern hochbedeutsam gemacht. Aber es geht Barth ja auch um den Interpretationsweg von Religion durch Offenbarung. Es liegt ihm daran, daß Religion von Offenbarung her interpretiert wird und nicht umgekehrt. Klärend ist wohl der Satz: »Es ist etwas anderes, ob die Kirche eine Religionsgesellschaft ist oder aber eine Stätte, wo auch die Religion im umfassendsten Sinne des Wortes ›aufgehoben‹ ist« (S. 309). Daß die Kirche auch eine Religionsgesellschaft ist, soll und kann nicht geleugnet werden, ohne daß auch die Offenbarung verschwindet. Aber diese Kirche ist auch als Religionsgesellschaft nur solange Kirche, solange sie sich von der Offenbarung regieren läßt.

Damit hätten wir das erste Kapitel des § 17 erläutert. Wir bemerken, daß Barth hier also offenbar von den Religionen und ihrem Verständnis noch gar nicht spricht. Er spricht hier von der Tatsache, daß die christliche Offenbarung Gestalt annimmt, die dem, was in den Religionen beobachtbar ist, zum Verwechseln ähnlich ist. Diese Gestalt, also die christliche Kirche, dürfen wir nun aber – das ist Barths These – nicht von diesen religionsphänomenologischen Ähnlichkeiten her verstehen und interpretieren wollen, sondern nur von der Offenbarung her. Wir haben bislang also, wie die Überschrift sagt, von dem »Problem der Religion in der Theologie« insoweit geredet, als die christliche Kirche auch auf Grund jener phänomenologischen Ähnlichkeiten interpretiert werden kann. Barth meint, daß das auch geschehen sei – z. B. bei Troeltsch. Jedoch, das Problem Troeltschs, was diese Ähnlichkeiten denn als solche besagen, hat Barth noch nicht ins Auge gefaßt. Seine Angriffe werden

in dieser Frage Troeltsch wohl ebenso wenig gerecht wie Ritschl. Beiden lag es völlig fern, die von Barth sogenannte Offenbarung aus diesen religionsgeschichtlichen Parallelen abzuleiten. Aber allerdings ging es Troeltsch um die Erhellung der Fragen, die die fraglos bestehenden Parallelen und Ähnlichkeiten in der Phänomenologie der christlichen Kirche und der außerchristlichen Religionen tatsächlich stellen. Wie sind solche Parallelen und Ähnlichkeiten möglich? Das war die Frage. Sie wurde anthropologisch beantwortet. Der Mensch »reagiert« auf die gottheitlichen Herausforderungen im Islam wie im Christentum analog. Damit war über die Offenbarung, wie Barth es nennt, zunächst noch gar nichts gesagt.
Aber, wie gesagt, Barth hat dieses Problem noch gar nicht berührt. Er meint, die Kirche sei nur von der Offenbarung aus zu interpretieren, und das sei im Sinne der christologischen Analogie auch möglich. Was es besagt, daß die christliche Kirche Parallelen und Ähnlichkeiten zu anderen Religionen zeige, hat Barth bislang nicht erwähnt. Nach der christologischen Analogie wäre ja vielleicht zu sagen, daß Jesu Menschlichkeit eben eine »richtige« Menschlichkeit sei, wie jeder Muslim oder Hindu sie auch an sich trage: Mensch wie wir? Aber worauf es Barth offenbar ankommt, ist nur die eine Feststellung, daß diese Menschheit nur als von der Gottheit umfangen angeschaut werden dürfe. »Der Mensch Gottes« ist nicht abgesehen von diesem Gott und seinem Tun ins Auge zu fassen. So ist die Kirche – auch in ihren religionsgeschichtlich vergleichbaren Zügen – nicht ohne die Offenbarung ins Auge zu fassen. »Das Problem der Religion in der Theologie« kann also – das ist der etwas magere Schluß, der wohl auch kaum angefochten ist – betreffs der christlichen Kirche nur von der Offenbarung aus angegangen werden.
Das zweite Kapitel des § 17 (S. 324–356) trägt den Titel »Religion als Unglaube«. Es soll um eine »theologische Würdigung der Religion und der Religionen« (S. 324) gehen. Barth meint, eine solche theologische Würdigung werde sich durch »große Behutsamheit und Barmherzigkeit« auszeichnen, da der Mensch – als das Subjekt der Religion – nur als der Mensch gesehen werden könne, »für den (ob er es weiß oder nicht) Jesus Christus geboren, gestorben und auferstanden ist«. Dieser Grundintention einer »theologischen Würdigung« ist grundsätzlich nicht zu widersprechen. Die Folgerung, die Barth daraus zieht, ist schon schwieriger. Dadurch nämlich, daß man die Religion als eine Handlung dieses Menschen, für den Jesus Christus gestorben ist, versteht, sieht sich Barth gehindert, die religiösen Lebensäußerungen des Menschen – qua »Wesen der Religion« – in die ganze Mannigfaltigkeit derselben zu bringen und zu ordnen. Der Blick auf die religionsgeschichtliche Mannigfaltigkeit und – sagen wir einmal – auf die religionsphänomenologische Ordnung und auch religionsphilosophische Einordnung ist Barth nicht möglich für eine »theologische Würdigung der Religion und der Religionen« (S. 324). Der Grund für diese These ist in der Offenbarung gegeben.

Erstens: Von Gottes Offenbarung erfahren wir etwas über das Wesen der Religion, meint Barth. Und dies, was wir erfahren, verbietet es uns, »von einer immanenten Bestimmung des Wesens der Religion einen anderen als einen höchst beiläufigen Gebrauch zu machen« (S. 325). Barth sagt leider nicht, was über das Wesen der Religion von Gottes Offenbarung her zu erfahren ist, und es wird auch nicht klar, warum es auf Grund dessen nicht erlaubt ist, eine immanente Bestimmung des Wesens der Religion, d. h. einen religionsgeschichtlichen Vergleich, zu verwenden.
Zweitens: Barth meint, dieses »offenbarte Wesen der Religion« eigne sich nicht dazu, »innerhalb der religiösen Menschheit zwischen gut und böse, wahr und falsch zu scheiden«. Zumal – und darauf kommt es Barth offenbar an – kann sich die Kirche nicht als wahre Religion vor den anderen Religionen hervortun, denn sie lebt nur »durch Gnade von Gnade« und ist nur »insofern die Stätte der wahren Religion« (S. 325).
In dieser »theologischen Würdigung der Religion und der Religionen« geht es also immer noch nicht um die Religionen und um das, was durch sie an Phänomenen hervortritt, sondern es geht weiterhin um »das offenbarte Wesen der Religion«. Dies ist für Barth das »Theologische« an dieser Würdigung. Was Barth damit meint, geht vielleicht aus dem kleinen Exkurs zu Lessings Nathan hervor. Barth meint nämlich, diese ganze Lessingsche Überlegung zu den Religionen sei für eine »theologische Betrachtung« der Religionen »gegenstandslos«, denn theologisch heiße eben: von der Offenbarung her gesehen. Wenn man so frage, dann müsse man freilich sehen, daß der ganze Wettstreit der Religionen untereinander müßig sei. Der »echte religiöse Streit« könne erst da beginnen, wo »die Verkündigung der Gnade Gottes gegenüber allen Religionstümern als die Wahrheit der christlichen Religion auf den Plan gestellt wurde« (S. 325).
Das also ist der Sachverhalt, wenn man theologisch redet: Die »Verkündigung der Gnade Gottes« ist als »die Wahrheit der christlichen Religion« allen Religionen gegenüberzustellen. Unter dieser Voraussetzung, meint Barth, sei »Mission etwas anderes als religiöse Propaganda«, und das christliche Selbstbewußtsein sei »etwas anderes als religiöser Fanatismus«. Das ist die Erklärung für die religionslose Einstellung dieser Untersuchung. Die Offenbarung selbst als Verkündung der Gnade Gottes ist das Gegenüber zu den Religionen. Damit wird allerdings die Überlegung Lessings im Nathan gegenstandslos. Damit wird es auch belanglos, nach den Religionen selbst zu fragen oder gar ein »Wesen der Religion« erörtern zu wollen oder die Religionen nach immanenten Unterschieden zu ordnen. »Die Offenbarung selbst« wird in einer theologischen »Würdigung« den Religionen entgegengehalten.
Nachdem Barth sich (S. 326) zur Geduld ermahnt, die man bei einer Betrachtung der Religion und der Religionen brauche, heißt es: Wir beginnen mit dem Satz: Religion ist Unglaube« (S. 327). Diesen Satz erläutert Barth durch die

bekannte Passage aus Luthers Predigt über 1Petr 1,18 von 1523[115]. Luther spricht hier von der Frömmigkeit als Gotteslästerung, insofern der Mensch sich in seiner Frömmigkeit Gott gegenüber zu behaupten sucht. Er versucht einen Gottesdienst nach seiner Vernunft aufzurichten. Diese Rede Luthers unterstreicht besonders kraß, daß alle Versuche von Selbstrechtfertigung vor Gott nichts seien. Barth sagt dazu, diese Rede formuliere »das Urteil der göttlichen Offenbarung über alle Religion« (S. 327). Mit diesem Urteil sei »das Wahre, Gute und Schöne, das wir bei näherem Zusehen in fast allen Religionen entdecken können«, keineswegs bestritten. Jedoch, wenn »der Mensch von Gott angegriffen« wird, dann hat das alles nichts mehr zu sagen. Es handelt sich also bei dem Grundurteil, Religion sei Unglaube, um ein «göttliches Urteil über alles Menschliche«! (S. 328). Dieses »göttliche Urteil« können wir daher auch nicht als immanent menschliche »Abwertungen und Negationen« gegenüber den Religionen verwenden. Es geht um ein göttliches Urteil! Da eine solche »theologische Würdigung« eine Rede von der Offenbarung ist, so ist eine theologische Rede also das Zur-Sprache-Bringen »göttlicher Urteile«. Hier wie auch sonst in der Kirchlichen Dogmatik strebt Barth diesem Standpunkt mit Hilfe des »Wortes Gottes« zu: Theologie fällt »göttliche Urteile«. Sie unterliegt freilich selbst denselben. Aber von diesen »göttlichen Urteilen« aus muß Theologie zu sehen versuchen.
Ehe wir in das weitere Kapitel hineingehen, läßt sich die hiermit abgeschlossene Grundeinstellung feststellen. Wir haben ganz klar vor uns, wie Barth vorgeht. Barth sieht, das ist eindeutig, alle Religion als menschliche Veranstaltung gegenüber Gott oder vor Gott. Alles menschliche Tun gegenüber oder vor Gott ist als solches und eo ipso von Gott verurteilt und gerichtet. Dies ist ein Offenbarungs-Urteil oder ein »göttliches Urteil«. Es gilt offenbar ganz allgemein. Ergo ist alles religiöse Tun von der Offenbarung aus bzw. nach »göttlichem Urteil« gerichtet. Da wir in diesen Schlüssen von der Offenbarung her, das heißt von »göttlichen Urteilen« her denken, so ist dieser Gedankengang theologisch. Für eine »theologische Würdigung der Religion und der Religionen« also ist alle Religion Unglaube. Das gilt auch für das Christentum als Religion bzw. als menschliches Unternehmen gegenüber bzw. vor Gott.
Die Position Barths ist ebenso eindeutig wie klar. Für die »theologischen« Schlüsse sucht Barth hier, wie auch sonst, die Offenbarungs-Position zu gewinnen. Das heißt, er sucht einen Standpunkt zu gewinnen, von dem aus er die »göttlichen Urteile« wahrnehmen und ausspielen kann. Das gibt allen seinen Schlüssen ihren apodiktischen Charakter und macht die theologischen Positionen scheinbar unangreifbar. An dieser Stelle kann Barth seine Position freilich nur so gewinnen, daß er stillschweigend eine Voraussetzung einbringt, die weitreichende Folgen hat. Barth geht nämlich offenbar davon aus,

115. WA 12,291,33; EA 51,367.

daß alle Religion bloßes Menschenbemühen oder Menschenwerk sei. Nun ist freilich alle Ausübung von Religion im Christentum wie außerhalb desselben immer auch menschliches Bemühen. Jedoch das Entscheidende im Selbstbewußtsein aller Religionen, ohne das sie gar keine Religionen sind, ist die Grundlage allen Religion-Übens in einer göttlichen Offenbarung! Es gibt keine Religion, die nicht auf ein Ereignis zurücksieht, das die Eigenart des Einbruches göttlicher Zuwendung in diese Welt hat. Alle Religionen haben dieses heilvolle Einmal als Grundlage. Der Gott macht die Religionen zu Religionen und nicht der ganze Kram menschlicher Verrichtungen. In dieser Tatsache liegt ja auch das Problem der Religionen, das allein über sie zu reden zwingt. Aber gerade dieses spezifisch Religiöse an den Religionen streicht Barth. Er behandelt die Religionen als pures Menschenwerk. So kann er leicht seine Position in einem göttlichen Urteil finden: Alles Menschliche ist vor Gott Unglaube! Barth bezieht diese Position ganz stillschweigend, als hätte er nie davon gehört, daß alle Religionen nur Religionen sind, sofern sie sich nur auf eine Gotteszuwendung stützen. Barth meint offenbar, daß das sich für Christen von selbst verstehe, daß diese Mitte des religiösen Selbstbewußtseins Betrug sei? Es liegt auf der Hand, wie »schlicht« dann die ganze Auseinandersetzung wird. Nur, sie hat es nicht mehr mit den Religionen zu tun!
Aber der weitere Aufbau des Kapitels gibt noch einen etwas anderen Einblick in diese Fragen. Barth geht nämlich dazu über, die Religionen einerseits nach der »Gestaltung der Gottheit« (S. 328–335) und andererseits nach der »Erfüllung des Gesetzes« (S. 335–344) zu charakterisieren. Aus diesen Charakterisierungen folgert Barth a) die Nicht-Notwendigkeit und b) die Schwäche der Religionen (S. 344–347). Beide Momente führen zur Mystik oder zum Atheismus (S. 348–353), worin die Religion dann in ihrer Krisis sichtbar wird. Dieser komplizierte Aufbau soll den Nachweis für die angenommene Eigenart der Religion wie für die Verfallenheit von Religion geben. Machen wir uns dies Kapitel in seinen Schlußfolgerungen klar:
Zunächst also soll es um die »Gestaltung der Gottheit« gehen. Barth tut dies in zwei Teilen. In einem ersten Teil wiederholt er Calvins Position (S. 328–331). In einem zweiten Teil rezitiert er die alt- und neutestamentliche Bestreitung der Götter-Verehrung (S. 331–335). Nach dem ersten Teil also gibt es im Menschen ein »religiöses Vermögen« (S. 330f.) des Menschen. Damit ist offenbar ein »Vermögen« zur Gotteserkenntnis gemeint, das wir oben bei Calvin als das semen religionis fanden. Aber der Mensch vertut dies »Vermögen«. Er sucht nämlich, Götter zu machen. Barth versteht unter dem »religiösen Menschen« den »Versuch, Gott von uns aus zu erkennen« (S. 329). Diese Intention des Menschen, auf Gott zuzugehen, ist der Offenbarung, in der Gott auf den Menschen zugeht, entgegen. Darum ist alle Religion Unglaube. Glaube würde sein, wenn sich der Mensch empfangend verhielte. Das tut er aber nicht: »Aus eigenen Mitteln, eigener menschlicher Einsicht und Willensbildung und Tat-

kraft« (S. 329/330) macht er seine »Gottesbilder«[116]. Das Gottesbild ist die Annahme eines »Letzten, Entscheidenden« »jenseits oder auch in seiner eigenen Existenz« (S. 330). Der Mensch greift nach etwas Letztem oder nach einer Wahrheit. Das heißt, er wird aktiv. Und das ist das Zentrale für Barth, daß der Mensch aktiv wird, anstatt passiv auf die Offenbarung zu warten. Der Mensch nimmt sich, was Gott ihm geben will. Das ist Barths Widerspruch gegen die sogenannten Gottesbilder der Religionen.
Man hat oft gesagt, dieser Einsatz Barths sei ein aufgewärmter Feuerbach. Aber so kann man das wohl nicht sagen. Der Mensch hat nach Barth ein »religiöses Vermögen«. Aber er verwendet es falsch, nämlich aktiv statt passiv. Wenn Barth diesen Zugriff des Menschen als Annahme eines »Eigentlichen, Letzten und Entscheidenden« kennzeichnet, dann ist man viel mehr an den ultimate concern Paul Tillichs als an Feuerbach erinnert. Aber wie dem auch sei, das Erstaunliche an dieser Position Barths ist doch wiederum, daß er das,was die Religionen ständig als ihr Zentrum preisen, daß Gott sich nämlich der Welt angenommen habe; daß der Mensch nichts könne, wenn Gott nicht zuerst gehandelt habe, einfach übergeht. Alle Religionen sind durch die Epiphanie eines Gottes oder denn durch den unverfügbaren Einbruch der bodhi geschaffen. Dies macht das religiöse Selbstbewußtsein aus! Der Muslim ist mit Barth völlig einig: Man kann Gott nicht herabzwingen wollen. Und das gilt auch noch für den Indra der Veden, den Apoll von Delphi oder den Amun von Theben. Was die Religionen zu Religionen macht – das Widerfahrnis der Gottheit – übersieht Barth »ganz schlicht«.
Vielleicht gibt uns der zweite Teil dieser Passage über diesen Sachverhalt Aufklärung (S. 331–335). Es handelt sich bei diesem Teil um einen der exegetischen Exkurse. Barth handelt hier von der »Ablehnung der heidnischen Religion« in der Bibel. Barth geht vom alttestamentlichen Bilderverbot aus und meint, in diesem Abscheu gegen den Bilderdienst sei vom Alten Testament auch der Abscheu gegen das »geistliche Götzenmachen« mit eingeschlossen. Angesichts der »Selbstoffenbarung« Gottes sei der heidnische Kult ja auch nicht nur Torheit, sondern Sünde. Israel könne eben an dem heidnischen Bilderdienst nicht teilnehmen. Mit dem Neuen Testament sieht Barth diese Situation vertieft. Er behandelt die Missionsverkündigung der Apostelgeschichte als kennzeichnend für den ausschließenden Gegensatz des christlichen Glaubens zu den heidnischen Kulten. Jesu Verkündigung macht ein Ende mit diesen Kulten wie mit dem Judentum. »Weil Christus geboren, gestorben und auferstanden ist, darum gibt es kein abstraktes, in sich ge-

116. Man erfährt nicht genau, was diese »Gottesbilder« sind. Einerseits zitiert Barth dazu das Verdikt Calvins über die Götterbilder aus Stein, Holz etc. Andererseits meint Barth, Gottesbilder seien aber auch die letzten Prinzipien der Philosophie sowie der Gottesgedanke des Islam (S. 330).

schlossenes oder ruhendes Heidentum mehr« (S. 334). Apg 17 wie Röm 1 kommen darin überein festzustellen, daß die heidnischen Kulturen Gott nicht gerecht geworden sind mit ihren Kulten; ja daß sie unentschuldbar wurden und daß nun mit Christus alles anders und das Angebot neu geworden ist. »Es gibt jetzt kein unangefochtenes, kein relativ mögliches, kein entschuldbares Heidentum mehr« (S. 335).

In diesem Exkurs erfahren wir zur Sache nicht eben viel. Wir erfahren nur, daß die alttestamentliche Verkündigung sich gegen den außerisraelitischen Bilderdienst wandte und daß das Neue Testament missionierend, d. h. die außerchristlichen Religionen bestreitend, aufgetreten ist. Zu der Frage, wie denn die außerbiblischen Götter und die Fragen, die sie ja stellen, zu beurteilen seien, wird nichts geklärt. Vielmehr wird nur der in einer Missionspredigt notwendig hervortretende Gegensatz »belegt«. Die missionierende Bestreitung der außerbiblischen Religionen ist aber nicht das Problem, das Barth hier beschäftigt. Oder, wenn wir ebenfalls das Neue Testament erwägen, Barth übergeht die Tatsache, daß Paulus 1Kor 8,5 die Existenz der »vielen Götter und Herren« durchaus nicht bestreitet. Paulus sagt natürlich sogleich, daß »für uns nur ein Gott existiert« (V.6). Aber er ist doch »nicht so aufgeklärt«[117] wie die Korinther und offenbar auch Karl Barth, daß die »vielen Götter und Herren« einfach nicht da sind. Das aber bleibt denn offenbar auch von der »Offenbarung« aus das Problem, was es um diese »vielen Götter und Herren«, die in ihren Epiphanien existent sind, sei. Die Tatsache, daß Christen an diesen einen Gott, den Vater, glauben und daß sie missionierend die »vielen Götter und Herren« zu überwinden trachten, besagt wohl nicht so einfach, daß diese Götter nur menschliche Intentionalität seien. Jedenfalls wird man damit dem Selbstbewußtsein und den Erfahrungen (!) der außerchristlichen Religionen keineswegs gerecht.

Die Behandlung der »Gestaltung der Gottheit«, die Barth sich vorgenommen hatte, ist einerseits durch die Position Calvins und andererseits durch die Argumentation biblischer Missionspredigt nicht befriedrigend geleistet. Die Fragen, die eine theologische Behandlung der außerchristlichen Gotteserfahrungen sich stellen muß, damit diese unbestreitbaren Erfahrungen sich ernstgenommen und verstanden fühlen können, sind nicht gestellt, geschweige denn beantwortet.

Barth fährt fort, in einem zweiten Zusammenhang (S. 335–344) als »Erfüllung des Gesetzes« das Problem der außerchristlichen Religionen zu bedenken. Barth sieht in dieser Frage den ausschließenden Gegensatz zwischen dem christlichen Glauben und den Religionen darin, daß der christliche Glaube sich auf das angewiesen weiß, was Gott für diese Welt tat. Der religiöse

---

117. So interpretiert Conzelmann in seinem Kommentar zum Ersten Korintherbrief die Haltung der Korinther, zu 1 Kor 8,5, S. 169.

Mensch aber versucht, durch Opfer, Gebet, Askese und Moral Gott zu versöhnen und sich zu rechtfertigen. Barth zitiert dazu Luther, und diese Überlegungen verfahren dann auch wie Luther: Die Religionen sind Gesetz, das Christentum aber Evangelium. In einem erneuten exegetischen Exkurs versucht Barth den Nachweis, daß Altes und Neues Testament nicht das Gesetz verkündigt hätten. Für das Alte Testament muß Barth sich dazu auf das »wahre Israel« (S. 340) zurückziehen, von dem man sagen kann, daß das Gesetz ihm ins Herz gegeben war, wie Jer 31,31 das sagt, und daß es das Gesetz nicht als Gesetz verstand. Für das Neue Testament aber versucht Barth den Nachweis, daß die Paränesen keinen gesetzlichen Charakter haben. Das Evangelium hat eben keine nova lex neben sich, die es zu erfüllen gelte (S. 341).
Hier taucht das Gesetz auch als »Form des Evangeliums« auf, wie Barth es dann in Bd. II/2 der KD ausführt. Barth meint abschließend, der religiöse Mensch betreibe seine Selbstrechtfertigung allerdings nicht direkt, sondern er widerspreche sich, indem er »sein Denken und Wollen auf einmal durch ein vermeintlich noch höheres und besseres durchkreuzen, überhöhen und überlisten« (S. 343) muß. Was Barth am Anfang leugnete – den Gott nämlich – das taucht hier, wie er sagt »auf einmal« auf. Barth meint, da walte ein innerer Widerspruch. Das ist auch so, denn die außerchristlichen Religionen wissen sehr genau darum, daß bloße Selbstrechtfertigung keineswegs zum Ziel führt. Barth hat ganz recht, wenn er hier sagt, daß man klar sehen muß, daß »diese Unmöglichkeit der Religion ... ein Moment im Leben der Religion« sei. Ja, man muß noch mehr sagen, daß hier nämlich das Zentrum der Religionen liegt. Der Gott überholt mit seiner heilvollen Manifestation alle Versuche des Menschen, sich vor ihm zu rechtfertigen. Dies kann man freilich nur richtig einschätzen, wenn man von der Erfahrung der Religionen selbst und nicht von außen her an dies Problem herangeht.
Barth meint nun, in dem genannten Problem komme eine ganz allgemeine Problematisierung der Religion heraus, »einerseits durch die Mystik und andererseits durch den Atheismus« (S. 344). Aber ehe wir darauf eingehen, müssen wir zwei für Barth wesentliche Bemerkungen machen: einmal von der »Nicht-Notwendigkeit« und zweitens von der »Schwäche« der Religionen. Diese Überlegungen leitet Barth (S. 344) damit ein, daß er das »religiöse Bedürfnis«, das in der »Gestaltung der Gottheit« und in der »Erfüllung des Gesetzes« seine Befriedigung sucht, als nicht echtes Bedürfnis kennzeichnet. Dieses »religiöse Bedürfnis« nämlich erfüllt sich selbst »mit dem kühnen Griff nach der Wahrheit«. Dies Bedürfnis »hat« immer schon, denn es gewinnt sich selbst seine Erfüllung. Es steht nicht mit leeren Händen da, die ein anderer füllen müßte. Dieses Bedürfnis ist »mindestens potentiell« »schon befriedigt«, wenn es aufbricht, seinen Gott zu gestalten und das Gesetz zu erfüllen.
Aus dieser Erwägung folgert Barth erstens die »Nicht-Notwendigkeit« der Religion (S. 344/345). Es gehe »zur Not« auch ohne die Religion, meint er. Da

das Bedürfnis nicht ganz echt sei, so sei seine Erfüllung nicht notwendig. Dieser Gedanke ist merkwürdig, denn wonach will man das messen? Ist damit eine logische Notwendigkeit gemeint? Barth meint, die Befriedigung der religiösen Bedürfnisse sei nur »eine relative Notwendigkeit«, insofern es »zur Not« auch ohne sie geht. Gemeint kann dies wohl nur so sein, daß eine absolute Notwendigkeit nur da vorliege, wo der Mensch nicht in der Lage sei, sein religiöses Bedürfnis selbst zu erfüllen, wie bei der christlichen Offenbarung. Man muß bei diesem Unterschied der christlichen Offenbarung zu den anderen Religionen freilich bedenken, daß Muhammed eben dies von seinem Qur'an auch sagt und daß der Islam ausschließlich darauf baut, daß der Qur'an von Allah und nur von ihm komme. Das heißt, die »Nicht-Notwendigkeit« kann nur so gewonnen und behauptet werden, daß man sagt, daß das, was die anderen Religionen »glauben« und »rein« zu empfangen meinen, unwichtig oder Lüge oder Einbildung sei. So vereinfachen sich die Fragen, die die Religionen stellen, ganz ungemein. Aber, wir erinnern uns, diese Einstellung gewinnt Barth ja auch vom Standpunkt der christlichen Offenbarung her.

Das *zweite*, was Barth aus der Vorgabe, das religiöse Bedürfnis befriedige sich stets selbst, folgert, ist die Feststellung »einer ganz bestimmten Schwäche« der Religion (S. 345/346). Das heißt, daß die Religion stets »ein Spiegelbild dessen was der Mensch selbst meint, ist und hat«, sei. Barth meint das so, daß alle Religion immer bedingt sei durch die geschichtlichen Verhältnisse, in denen sie entstehe und lebe. Da diese geschichtlichen Verhältnisse sich ständig wandeln, so muß sich auch die Religion wandeln – mal rascher mal langsamer. Das aber sei die Schwäche aller Religion. Dieser Feststellung kann nur eine Offenbarung gegenüberstehen, die unveränderlich und jenseits aller Geschichte bleibt. Das meint Barth denn wohl auch. Die Offenbarung, von der aus er spricht, muß wohl jenseits dieser Schwäche stehen. Aber im vorigen ersten Kapitel sagte Barth, man verleugne die Offenbarung, wenn man ihr Eingehen in die Geschichte leugne. Das heißt, daß diese Schwäche und wohl auch diese »Nicht-Notwendigkeit« der Religion das Christentum durchaus teile. Jedoch wo bleibt dann der Standpunkt, von dem aus man diese Schwäche als Schwäche brandmarken kann? Im Neuen Testament? Nein, das steht selbst nicht jenseits der Geschichte. Dann muß es wohl ein Abstraktum vom Neuen Testament sein, von dem aus geurteilt wird? Ja, dies sind die »göttlichen Urteile«, die die Theologie zur-Sprache-bringen muß. Sie stehen jenseits aller geschichtlichen Einbindung und Wandelbarkeit. Die Theologie nimmt sie aus »der Offenbarung«. Diese Offenbarung muß jenseits des Alten und Neuen Testaments, deren Botschaft geschichtlich eingebunden ist, liegen.

Aus der »Nicht-Notwendigkeit« und der »geschichtlichen Wandelbarkeit« der Religion folgt die »kritische Wendung« für die Religionen (S. 346). Es kommt

dazu, daß der Mensch sich in die Mystik oder in den Atheismus zurückzieht. Er »resigniert« an der ganzen religösen Gestaltung! (S. 347). Die Mystik ist nach Barth eine Auflösungserscheinung der Religion, insofern sie an dem ganzen äußeren Betrieb von Dogmen und frommen Werken resigniert. Die Religion zieht sich in einen imaginären Innenraum zurück (S. 348/350). Dieses Moment ist als Richtungnahme der sonst ungemein verschiedenen mystischen Bewegungen unbestreitbar. Jedoch, diese Richtungnahme der Mystik besagt nichts, da dieses »Innen« für den Sufi des 12. Jahrhunderts etwas total anderes darstellt als für Jakob Böhme. Die reine Richtung vom Äußeren fort reicht nicht aus, um Mystik zu bestimmen. Daher ist die Kennzeichnung der Mystik als Resignation so im ganzen unzutreffend. Auch hier macht sich das Übersehen der Gottheit, wie Barth es übt, bemerkbar. Der Mystiker nämlich ist mit sich nicht alleine! Hier liegt der Grund der Möglichkeit von Mystik. Der Mystiker hat sein göttliches Gegenüber, und dieses Gegenüber rückt ihm in tiefen Erfahrungen auf den Leib, geht ihm unter die Haut, schaut ihn von drinnen wie von draußen an. Was immer diese Erfahrung in den verschiedenen Religionen sein mag, die Mystik weiß sich nicht als Resignation, sondern als höchstes wie tiefstes Ausgreifen und Ausfüllen von Religion-haben. Hier in der Mystik tritt am klarsten zu Tage, wie in allen Religionen auf die Ankunft der Gottheit gewartet wird. Die mystische Erfahrung ist reinstes Empfangen! Wenn dieses Moment die Stellung zur Offenbarung nach Barth auszeichnet, dann wäre Mystik als Begegnung der Offenbarung zu kennzeichnen. Jedoch, Barth sieht nur den formalen Vollzug des mystischen Geschehens, und da sieht es freilich so aus, als sei Mystik der »Weg nach innen«.
Die folgende Darstellung des Atheismus (S. 350–353) macht nun klar, daß Atheismus zwar eine Religion bestreiten und bekämpfen kann, daß er damit aber nur den Weg freimacht, daß sich neue Religionen bilden. Barth meint, das sei die Erfahrung mit den modernen Atheisten, daß sie als Wegbereiter neuer religiöser Bestrebungen sichtbar seien. Diese Einsicht ist unbestreitbar und gibt in ihrer Ausführung einen wichtigen Beitrag zum Verständnis der vielen Neu- und Quasi-Religionen in der Gegenwart.
In der Zusammenfassung (S. 353–356) führt Barth diesen Gedanken für Atheismus und Mystik noch etwas weiter. Leider erwägt er die Offenheit von Mystik und Atheismus füreinander nur im Vorübergehen. Worauf es Barth in dieser Zusammenfassung ankommt, ist die Feststellung: Die Krisis der Religion – als Mystik wie als Atheismus – führt nicht zur Aufhebung der Religion. Zur Aufhebung gehört eine andere Macht als diese Krisen, die die Religion immer wieder nur bestätigt haben. Das nächste Kapitel soll davon handeln.
Das dritte Kapitel des § 17 der KD heißt »die wahre Religion« und handelt davon, inwiefern man »nicht zögern [darf], es auszusprechen: Die christliche Religion ist die wahre Religion« (S. 357). Man muß dies sagen, meint Barth. Aber man kann es nur so sagen, daß damit nicht etwas Fertiges oder Vorhan-

denes bezeichnet werde. Die christliche Religion als die wahre Religion ist »ein Glaubenssatz« und meint »die Wirklichkeit der Gnade Gottes«, denn per se als Religion ist das Christentum auch nur Unglaube – wie alle Religion. Unser Christentum lebt zwischen dem, was es ist, als Unglaube, und dem, was es aus der Gnade werden kann, als wahre Religion. Ein biblischer Exkurs (S. 359–362) illustriert dies durch Verweis auf die prophetische Botschaft, die das religiöse Tun Israels scharf kritisiert und den »notwendigen Kampf der Offenbarung gegen die Offenbarungsreligion« anzeigt. Der Übergang zum Neuen Testament wird unter dieser Sicht vorgenommen, daß mit dem Zerwürfnis zwischen Jesus und Israel deutlich sei, »daß Gottes Offenbarung nicht an die Offenbarungsreligion gebunden« sei (S. 360) und daß das Judentum mit der Verwerfung Jesu »eine unter vielen anderen« Religionen geworden sei. Dieses Motiv wird fortgeführt auf Jesu Kritik am Jüngerkreis. Die Jüngergemeinde stellt eben auch nicht die wahre Religion dar.
Das christliche Selbstbewußtsein ist durch den Glauben begrenzt (S. 363). Damit meint Barth den paulinischen Sachverhalt, daß Gottes Kraft in der Schwachheit des Paulus mächtig war und daß Paulus es ablehnt, sich auf seine religiösen Vorzüge hin zu rühmen. Ein dogmengeschichtlicher Exkurs (S. 365–369) versucht darzulegen, daß dieser Sachverhalt in der Geschichte der Kirche mehr und mehr verlorenging. Zwar hat es zu keiner Zeit daran gefehlt, daß die Gnade sich immer wieder – im Gegensatz zum kirchlichen Selbstbewußtsein – »in der geistlichen Armut derer, die auch in dieser Zeit an ihn glaubten«, durchgesetzt hat. Allerdings müssen wir angesichts der Geschichte der christlichen Kirche sagen, daß wir »von der Wahrheit der christlichen Religion tatsächlich nichts anders denn im Rahmen der Lehre von der iustificatio impii reden können« (S. 370). Das heißt, daß Barth versucht, deutlich zu halten, daß das Christentum nicht durch sein So-Sein, sondern nur soweit und so gewiß die Gnade Gottes wirksam ist, die wahre Religion sein kann (S. 371). Es handelt sich bei dieser Gnade Gottes auch nicht darum, daß das Christentum sich als »Gnadenreligion« versteht. Die »Gnadenreligion« kann selbst nur »durch die Gnade selbst« »zur wahren Religion gemacht sein« (S. 371). Dies muß man sich besonders als »evangelisch-reformiertes Christentum« sagen, denn man könnte somit in einem ganz glaubenslosen religiösen Selbstbewußtsein sein eigenes evangelisches Religions-Üben für die wahre Religion halten. Aber damit wäre die Gnade selbst schon wieder vertan.
Barth illustriert dies durch einen religionsgeschichtlichen Exkurs (S. 372–377). In diesem Exkurs stellt Barth den Glauben der Amida-Religion des japanischen Jodo-Shin-Shu vor. Diese Bewegung stellt Barth als »konsequente Gnadenreligion« vor. Aber das Entscheidende dabei ist für Barth, daß die Lehre Shinrans 1. aus der Suche nach einem einfachen Heilsweg stammt, 2. neben der Liebe Amidas seinen Zorn nicht kennt, 3. keinen Kampf für die Ehre Gottes kennt, 4. darin echter Buddhismus ist, daß er die »Erlösung durch

Auflösung« sucht. Kurz, Barth meint, dies alles sei menschliches Wunschdenken. Diese vierfache Absetzung des christlichen Denkens vom Denken des Amida-Buddhismus ist wenig überzeugend. Es besteht nur in der sehr einseitigen Geltendmachung christlicher Prinzipien. Jedoch das Kernproblem, das in der Beurteilung des menschlichen Ich, d. h. in der »Nicht-Ich«-Lehre besteht und an dem sich Unterschiede wie Konvergenzen entscheiden, taucht nicht auf.
Was nun für Barth das Wichtige an diesem Exkurs ist, das ist auch nicht eine wirkliche Auseinandersetzung mit der Jodo-Shin-Shu-Sekte, sondern die Präzisierung der Gnade auf christlicher Seite in Gestalt »des Namen Jesus Christus«[118]. »Entscheidend über Wahrheit und Lüge ist nur Eines» – nämlich dieser »Name I.Xϱ.« (S. 376). Es kommt also gar nicht auf den Sachverhalt »Gnadenreligion« oder »Rechtfertigung aus dem Glauben« an. Es kommt darauf an, daß für das Christentum in diesem »Namen I.Xϱ« die Wahrheit beschlossen ist und in sonst nichts. Das heißt, daß Jodo-Shin-Shu so viel von Gnade reden mag, wie sie will, wenn dieser »Name I.Xϱ« nicht auftaucht, dann kann da Wahrheit nicht sein. Damit ist der entscheidende Gesichtspunkt genannt, in dem die Gnade oder die Offenbarung, von denen bislang stets die Rede war, »beim Namen« genannt werden. Die Christen als die »Kinder Gottes« »haben die wahre Religion, weil er an ihrer Stelle steht, und also um seinetwillen«. Dieser Name also ist der Grund der Möglichkeit von wahrer Religion. Sofern es Menschen gibt, »die an diesen Namen glauben. Sofern dies das Selbstverständnis der Christen und der christlichen Religion ist, darf und muß von ihr gesagt werden, daß sie und sie allein die wahre Religion ist« (S. 379).
Die Erörterung dieses Kapitels über »die wahre Religion« ist damit zunächst abgeschlossen. Sie wird im folgenden dennoch in vierfacher Richtung »entfaltet und erläutert«. Diese Erörterung führt über das in den beiden ersten Kapiteln Gesagte inhaltlich nicht hinaus. Das Christentum ist die wahre Religion, insofern nicht seine Erscheinungsformen – also das, was an ihm Religion ist – wahre Religion sind, sondern der von ihnen offenbar unterscheidbare »Name Jesus Christus«. Diesen »Namen I.Xϱ.« paraphrasiert Barth: »d. h. in der in I.Xϱ. geschehenen Offenbarung und Versöhnung (nicht anderswo aber hier wirklich!)« (S. 379). Also die Offenbarung, sofern sie I.Xϱ. heißt, ist die »wahre Religion«. Nicht das, was die Christen auf Grund dieser Offenbarung glauben und leben, kann diese wahre Religion sein, sondern nur der »Name I.Xϱ.« oder die Offenbarung. Sie allein ist die wahre Religion, heißt es S. 379. Diese Konzeption wird von Barth nun *vierfach* »entfaltet und erläutert«:

---

118. Es wird hier wie an anderen Stellen der KD nicht einsichtig, warum Barth so dezidiert von dem »Namen Jesus Christus« spricht. Denkt er an die Bedeutsamkeit des Namens als »Machterweis« im Sinne des alttestamentlichen shem? Oder ist es nur Anklang an Apg 4,10 oder Phil 2,10f.?

Die *erste* Erläuterung betont nochmals grundsätzlich, daß die christliche Kirche als wahre Religion keine eigene Subsistenz hat. Ihre Substanz ist der »Name I.Xϱ.«. Dies gilt aber nicht nur von dem einmaligen Akt der Schöpfung, sondern ständig als Schöpfung. Der »Name I.Xϱ.« ist insofern »der Inbegriff und die Quelle aller Realität« (S. 381). Barth meint, man könne auch sagen, »die christliche Religion, die ja nichts anderes ist als die irdisch-geschichtliche Lehre der Kirche und der Kinder Gottes, als Annex der menschlichen Natur Jesu Christi« (S. 382). Wir haben uns oben – am Ende des ersten Kapitels – schon auf diese Analogie Barths bezogen.
Hier führt Barth diese Spekulation dahin aus, daß so, wie die menschliche Natur Jesu keine eigene Hypostase habe, so sei auch »das irdisch-geschichtliche Leben der Kirche« ohne personbildende Kraft. In diesem Bilde drückt Barth sehr deutlich aus, was gemeint ist: Die christliche Kirche ist an sich nicht die wahre Religion. Aber insofern sie und wo sie akut als Schöpfung des »Namens I.Xϱ.« angesehen werden kann, da hat sie »Anteil an der ewigen Wahrheit« (S. 382). Ihr Anteil aber ist nicht dies oder das, sondern »der Name I.Xϱ.«!
Die *zweite* Erläuterung wiederholt diese ganzen Überlegungen dahingehend, daß der »Name I.Xϱ.« nicht nur die schöpferische Kraft in allen »christlichen« Handlungen ist, sondern ebenso sehr die prädestinatianisch interpretierte Erwählung. Diese Erwählung ist es, wenn die Kirche nicht Religionsgesellschaft, sondern Leib Christi ist (S. 385). Die christliche Kirche hat dies christlich eben nicht als Besitz, sondern als »ein uns Ausstrecken nach dem in diesem Namen beschlossenen Besitz Gottes« (S. 384). Nur im Sinne der Erwählung ist »die christliche Religion die wahre Religion« (S. 384). Dieser Sachverhalt läßt sich auch nicht so umkehren, daß man sagt, der Mensch entscheide sich für Gott. Die menschliche Natur Christi ist »keine selbständige Wirklichkeit«, sondern »bloße Möglichkeit«, die Gott ergreift, indem er erwählt. Der Mensch »wählt sein Erwähltsein« (S. 386). Er hat keine eigene Substanz abgesehen von diesem Erwähltsein. Wir können uns unsererseits um die Wahrheit der christlichen Religion immer nur vergeblich bemühen.
Die *dritte* Erläuterung besagt, daß das Gotteshandeln an der christlichen Religion nicht nur creatio continua, nicht nur electio continua, sondern Rechtfertigung ist. Das Sein und Handeln der Kirche und der Christen ist »sündige Geschichte« (S. 387). Von dem Sein und Handeln her ist die christliche Kirche mit den anderen Religionen Unglaube und Sünde. Aber daß gerade diese christliche Religion die wahre Religion ist, ist keine willkürliche Behauptung, sondern »eine schlechterdings notwendige Behauptung« (S. 387). »In Jesu Christi menschlicher Natur« hat der Mensch Gott den Gehorsam des Glaubens dargebracht und also der Gerechtigkeit und dem Gericht Gottes wirklich Genüge getan, also seinen Freispruch und also auch und gerade den Freispruch, die Rechtfertigung seiner Religion »wirklich verdient« (S. 390). In die-

ser Tatsache ist die Aussage von der christlichen Religion als wahrer Religion notwendig.
Sie ist notwendig, insofern die christliche Religion an dem »Namen I.Xϱ.« Anteil hat. Sie »hat« aber nicht Anteil, sondern er gewährt diesen Anteil.Die Rechtfertigung und Vergebung gilt »zunächst ganz allein I.Xϱ.« (S. 390). Die wahre Religion also ist ein streng christologischer Sachverhalt! Daher steht »die christliche Religion inmitten der Welt der Religionen gefährdeter, wehrloser, ohnmächtiger auf dem Plane – als irgendeine andere Religion« (S. 391). Das Christentum und die Christen sind wehrloser, weil sie selbst ja nichts haben. Barth hat in diesem Teil das häufig besprochene Sonnengleichnis (S. 388, 393, 396): Das Christentum ist im Vergleich zu den anderen Religionen auf der sonnenbeschienenen Seite der Weltkugel. Die anderen Religionen sind Finsternis[119]. Aber das Christentum ist in diesem Vorzug nur, sofern die Sonne scheint. Die Sonne ist das Licht und nicht der Tag, den sie hervorruft. Dieses Gleichnis macht ganz klar, daß bei der sogenannten wahren Religion eben von Gottes Urteil und schöpferischem Tun die Rede ist und nicht vom Christentum. Wir sehen, wie in diesen Erläuterungen von der schöpferischen Macht zum Erwählungsbeschluß zum Rechtfertigungs-Urteil die sogenannte »wahre Religion« immer klarer auf Gott zentriert wird. Bei dieser dritten Erläuterung ist die sogenannte »wahre Religion« schon ganz punktuell – ein Urteil. Bei der Schöpfung schien noch so etwas wie Realität sichtbar zu werden. Dieser Eindruck verschwindet aber mehr und mehr. Die Schöpfung war auch nur als Akt gedacht, nicht als Sein-setzende potentia.
Die *vierte* Erläuterung bezieht sich auf »einen Akt göttlicher Heiligung« (S. 393). Hier tastet sich Barth am weitesten in den Bereich der Religionen vor, denn hier soll bis in die Wirklichkeit vorgestoßen werden. Was diese Heiligung als Akt sei? Alttestamentlich: das Gesetz, neutestamentlich der Dienst der Versöhnung aus 2Kor 5. Das Gesetz bzw. dieser Dienst richten, wo sie befolgt werden, bestimmte »Zeichen« auf (S. 396). Diese Zeichen heißen nichts ande-

---

119. Klaus Nürnberger macht klar, daß auch in diesem dritten Teil des § 17 der KD, wie das Sonnengleichnis zeigt, von den außerchristlichen Religionen nicht die Rede ist. Sie sind Finsternis. Das ist alles. Eine Frage richtet sich von ihnen her nicht auf. Das heißt, daß in diesem § 17 zwar vom Christentum – und zwar als bloßer Möglichkeit – und von Gottes Macht gehandelt wird. Aber ohne diese Macht Gottes ist auch das Christentum Finsternis. Ein Unterschied zwischen dem Christentum und den anderen Religionen besteht nicht. Gottes Macht ist alles. Aber diese Macht ist abstrakt. Sie erwählt sich eine menschliche Natur, und weil diese menschliche Natur, nämlich Jesus von Nazareth gehorsam war, wird Gott zufriedengestellt, und »von Rechts wegen« (S. 391) ergeht das Rechtfertigungs-Urteil. Soweit das Christentum an diesem »Namen Jesus Christus« Anteil »bekommt«, nicht Anteil »nimmt«, wird es zur »wahren Religion« erklärt. Vgl. *Klaus Nürnberger:* Glaube und Religion bei Karl Barth, Marburg 1967, S. 106ff.

res als »Bereitschaft für den Herrn«. Als solche sind die Probleme der christlichen Religion als Frage nach dem Dogma oder nach der Kirche »ernsthafte Probleme« (S. 396). In allen diesen Fragen geht es um diese Bereitschaft. Der »Akt der Heiligung« als Gesetz oder Dienst löst also die Bereitschaft im Kontext der Zeichen der Bereitschaft aus. So muß sich die »Existenz als die Christen und die Christenheit immer aufs neue bestätigen« (S. 397). Auch hier also ist das Geschehen z. B. der christlichen Kirche nur als »Zeichen«, und zwar Zeichen der »Bereitschaft«, also qua Antwort auf den Akt der Anforderung durch Gesetz und als Dienst wahrnehmbar. Das Geschehen selbst, das man normalerweise unter Heiligung versteht, ist aus der Realität seiner selbst ganz zurückgenommen und nur als Hinweis (Zeichen) auf den Hinweis (Bereitschaft) wahrnehmbar. Was bei der Schöpfung, Erwählung und Rechtfertigung nicht so sichtbar war, zeigt sich hier deutlich, nämlich der Abbau aller konkreten inhaltlichen Charaktere des Christentums als Religion. Die christliche Religion ist als »reiner« Hinweis auf einen Hinweis wahre Religion. Das ist nach Barths Ansatz nicht anders möglich. Das ist im denkerischen Vollzug höchst kunstvoll gemacht. Das Interessante an diesem Vorgehen liegt in dem Problem, die christliche Kirche wie den christlichen Glauben, die als Religion desavouiert sind, nun nicht als solche zur wahren Religion zu machen, sondern Gottes Tun als einzigen Grund und Hintergrund der wahren Religion, wenn auch nur in actu, d. h. punktuell, sichtbar zu halten. Die Schwierigkeit ist darin angelegt, daß Barth, wie wir sahen, meint, »göttliche Urteile« abgeben zu müssen. Dadurch werden die Urteile absolut: Religion ist Unglaube, und Christentum ist wahre Religion. Diese beiden Urteile stoßen hart zusammen. Da nun das Religion-Sein der christlichen Offenbarung nicht negiert werden darf, da sonst die Offenbarung selbst geleugnet ist; da dieses Religion-Sein aber als Unglaube zur wahren Religion deklariert werden soll, so entsteht das eigentümliche »Ja-aber« der Erörterung oder denn der »dialektische Schein« in der Gedankenführung.
Sehen wir auf die Behandlung der Religion bei Karl Barth zurück, so sind es einige Momente, die wir noch besonders besprechen müssen. Zunächst ist eine Frage zu besprechen, die das Thema dieses § 17 selbst betrifft. Barth will das Problem erörtern, das mit dem Nebeneinander der vielen Religionen gegeben ist. Er will dies als »theologische Würdigung der Religion und der Religionen« (S. 394) tun. Man muß aber feststellen, daß die Religionen gar nicht vorkommen. Zwar findet sich im 3. Kapitel eine Bezugnahme auf die Jodo-Shin-Shu. Aber das Problem, das Barth erörtert, ist auch hier nicht von den Religionen gestellt, bzw. den Religionen angemessen. Was immer die außerchristlichen Religionen als Fragen aufgeben, ist nicht im Blick dieser theologischen Überlegungen. Aber, das kann auch nicht anders sein, denn Barth will eine »theologische« Würdigung der Religion geben, und das heißt für ihn, ausschließlich von der christlichen Offenbarung zu handeln.

Theologisch kann man nur reden, indem man versucht, »von« der christlichen Offenbarung oder von dem »Namen I.Xϱ.« zu reden. Wenn also von den Religionen aus gesprochen wird, dann kann man das natürlich tun, aber man spricht nicht mehr theologisch. Dies ist auch der Vorwurf, den Barth der ganzen neueren Theologie macht: Sie ist nicht mehr Theologie, denn sie hält sich nicht an die strikte Forderung, die Barth für ganz unbestreitbar hält, daß Theologie nämlich nur als Rede von der Offenbarung her und vom Standpunkt der Offenbarung aus Theologie sein kann! (S. 321 f.). Alle Unterschiede der verschiedenen theologischen Schulen sind irrelevant. Dieser einzige Punkt, ob nämlich eine Theologie ihren Standpunkt entschlossen vom »Namen I.Xϱ.« und im »Namen I.Xϱ.« nimmt, entscheidet. Eine Theologie, die sich ernsthaft auf die außerchristlichen Religionen einläßt, eine Theologie, der eine außerchristliche Religion gar zur ernsten Anfechtung wird, was, wie Friedrich Heiler meinte, zum Verstehen von Religion gehört, ist nicht mehr christliche Theologie.
Zwei Folgerungen sind von dieser Einsicht Barths aus klar. *Erstens* ist die Theologie, die so ausschließlich von der Offenbarung aus denkt, dann gezwungen, aber auch in der Lage, »göttliche Urteile« (S. 328) zu fällen oder besser noch zu vollziehen und auch durchzusetzen. Diese »göttlichen Urteile«, die die Theologie zu fällen hat, sind auch nicht einfach »ins Menschliche« zu übertragen. Also, wenn die Theologie urteilen muß, die Religion sei Unglaube, so ist damit »keine Bestreitung des Wahren, Guten und Schönen, das wir bei näherem Zusehen in fast allen Religionen entdecken können«, gegeben! (S. 327). Die Theologie gibt von der Offenbarung aus »nur das Urteil Gottes« wieder (S. 327). Da die Theologie darin Theologie ist, daß sie »nur das Urteil Gottes« wiedergibt, nimmt sie einen Standpunkt ein, der sie geschichtliche Faktoren oder Bedingtheiten des Glaubens oder der Kirche nicht oder nur im Gegensatz zur Offenbarung sehen lassen kann, denn von Gott gilt eben »der unendliche qualitative Abstand« zur Welt. *Zweitens* ist damit gegeben, daß die christliche Religion mit jeder anderen Religion zusammen als menschliche Veranstaltung Unglaube und Finsternis sein muß. Die Religionen können gar nicht zur Debatte stehen. Es geht ja um die »göttlichen Urteile« über die Religion. Diese »göttlichen Urteile« sind in der Bibel nur über Israel einerseits und die neutestamentliche Jünger-Gemeinde andererseits da. Für die Kirche muß man sich, um so etwas wie »göttliche Urteile« zu bekommen, schon der Analogie-Schlüsse aus der Zwei-Naturen-Lehre bedienen. Das heißt, daß in einer theologischen Würdigung der Religionen eigentlich nur die christliche Religion auftauchen kann. Die anderen Religionen wären z. B. als kanaanäische Religion oder als hellenistische Kulte nebenbei auch zu erwähnen, denn da gibt es »göttliche Urteile«. Aber darauf verzichtet Barth. Das Kernproblem ist fraglos: Wie wird christliche Religion als Religion möglich, wenn Religion Unglaube ist?

Diese beiden Folgerungen zeigen, daß Barth in dem § 17 sehr konsequent verfährt. Ja, man muß sagen, daß die Überlegung, daß man doch bei solchen Urteilen über die Religionen wenigstens andeutungsweise die Religionen selbst zu Rate ziehen müßte, von falschen Voraussetzungen ausgeht. Theologie besteht für Karl Barth wirklich darin, »göttliche Urteile« wiederzugeben. Das ist die Grundeinsicht Barths – und zwar nicht etwa nur hier. Dann aber ist dieses Vorgehen konsequent. Dann ist es wirklich die entscheidende Frage, in welcher Weise die christliche Religion wahre Religion sein kann. Dann kann dieser Nachweis aber auch nur darin bestehen, christliche Religion und Offenbarung so aufeinander bezogen zu zeigen, daß a) die Offenbarung nicht an den Unglauben verraten wird, b) aber der Unglaube nicht sich selbst überlassen bleibt. Dies geschieht auf dem Hintergrund der Analogie der menschlichen Natur Jesu und der Kirche als Schöpfungsakt, Erwählungsakt, Rechtfertigungsakt und Heiligungsakt. Damit ist die christliche Religion als wahre Religion »erklärt«, aber zugleich ist deutlich, daß die Sonne leuchtet und nicht die Erde. Die Erde ist nur actualiter »erleuchtete Erde« (S. 393).
Barths Behandlung der Religion in dieser theologischen Würdigung ist in sich imponierend geschlossen. An dieser Behandlung der Religion fällt uns die Parallele zu Paul Tillich auf. Wir wiesen oben schon darauf hin. Bei Tillich wie bei Barth ergibt sich eine grundsätzliche Abwertung der Religion gegenüber der Offenbarung oder dem Neuen Sein. Bei beiden steht das Christentum als konkrete Bewegung mit den anderen Religionen unter dieser Abwertung. Das Christentum ist als Religion wie alle Religion ein Versuch von Selbsttranszendierung (Tillich) oder Selbstrechtfertigung (Barth) und als solcher vom Geist oder vom Neuen Sein oder von der Offenbarung her zu überwinden.
Bei Paul Tillich wie bei Karl Barth zeigt sich also eine grundsätzlich religionskritische Haltung. Beide können die religiösen Fragen und Unternehmen dem Göttlichen – um es so allgemein wie möglich zu sagen – entgegenstellen. Bei beiden wirkt sich dies auch kirchenkritisch aus, denn die christliche Kirche ist Religion unter Religionen. Bei beiden Theologen gehört diese Auffassung von Religion auch so zum Grundbestand ihres Denkens, daß sie ihre Meinung trotz manch anderer Wandlungen unverändert festhielten[120]. Die Tatsache, daß die beiden Antipoden Paul Tillich und Karl Barth zu so analogen Thesen in bezug auf die Religion kamen, muß kurz interpretiert und erklärt werden.
Die Thesen Tillichs betr. der Religionen fassen sich zusammen in seiner Hypothese vom Protestantischen Prinzip, bzw. unter diesem Begriff hat Tillich seine religions- und kirchenkritischen Thesen zusammengefaßt. Tillich ver-

120. Zu Tillich haben wir oben das Wichtigste gesagt. Für Barth hat J. P. Knitter die nötigen Zusammenstellungen gemacht. *J. P. Knitter* schreibt § 12 seines Buches (Towards a Protestant Theology of Religions, Marburg 1974, S. 32–36) als Exkurs: »Did Barth change his verdict of the religions?«

steht unter dem Protestantischen Prinzip – er nimmt diesen Begriff aus der evangelischen Theologie Ende des 19. Jahrhunderts auf – ein principium, das hinter allen konkreten Formen und Ausprägungen aller evangelischen wie letztlich christlichen Kirchentümer steht und als ihr Intentionskern wie als ihre Zielbestimmung angesprochen werden kann. Paul Tillich versteht 1928 unter diesem Protestantischen Prinzip die bei den alttestamentlichen Propheten schon sichtbar werdende, im Neuen Sein des Neuen Testamentes zutage liegende und zumal von den Reformatoren des 16. Jahrhunderts erfaßte Rechtfertigungs-Wirklichkeit. Dazu gehört erstens »die radikale Verkündigung der menschlichen Grenzsituation und der Protest gegen alle Versuche, ihr mit religiösen Mitteln auszuweichen«[121]. Das heißt, Tillich bezieht mit dieser Charakteristik den Standpunkt der sog. unbedingten prophetischen Kritik. Er setzt diese Kritik ja ebenso wissenschaftstheoretisch wie politisch an. Die Härte und Weite dieser kritischen Position hat Tillich aufs engste mit seiner jeweiligen Gegenwart in den 20er wie in den 50er Jahren verbunden. Dazu gehört zweitens die Rede »von dem Urteil, das uns heil spricht gerade in der Zerrüttung und Heillosigkeit der Seele und des Gemeinschaftslebens, das Urteil, das uns die Wahrheit zuspricht gerade in dem Chaos der Wahrheitslosigkeit, auch der religiösen Wahrheitslosigkeit«[122]. Mit diesem Urteil spricht Tillich von dem Rechtfertigungs-Urteil. In diesem Urteil ruht »die Tiefe und der Hintergrund aller Verkündigung«. Dazu gehört drittens das Zeugnis von dem Neuen Sein und »das Leben aus der Kraft des Neuen Seins«. Dieses Neue Sein aber ist anschaubar geworden in Jesus als dem Christus. Dieses dritte Moment gibt den Grund der Möglichkeit »der Gestalt der Gnade« an, in der das Neue Sein zur Wirksamkeit kommt.

Drei Jahre später in der Schrift: »Protestantisches Prinzip und proletarische Situation«[123] sagt Tillich: »Das protestantische Prinzip schlechthin, der unfaßbare Grund im Protestantismus darf nicht mit dem »Absoluten« des deutschen Idealismus oder dem »Sein« der alten und neuen Philosophie verwechselt werden. Es ist nicht der höchste, aus der Analyse des gesamten Seins hervorgehende ontologische Begriff, sondern der theologische Ausdruck für die wahre Beziehung zwischen dem Unbedingten und dem Bedingten, oder religiös gesprochen zwischen Gott und Mensch. Als solches bezieht es sich auf das, was die Theologie ›Glaube‹ nennt, nämlich ein reines Ergriffensein, ein Getroffensein durch die Macht eines Unbedingten ...« Das heißt, daß Tillich mit dem Protestantischen Prinzip einen Begriff für den Sachverhalt bildet, den Karl Barth »wahre Religion« nennt. In dem Protestantischen Prinzip ist

---

121. *Paul Tillich:* Die protestantische Verkündigung und der Mensch der Gegenwart (1928), überarbeitet abgedruckt in: GW VII, S. 74.
122. Paul Tillich: GW VII, S. 81f.
123. Paul Tillich: GW VII, S. 86.

die Macht Gottes auf dem Plan. Diese Macht ist es, die das Rechtfertigungs-Urteil fällt, die man im Neuen Sein, d. h. im »Namen I.Xϱ.«, verkündigt und für deren Eintritt in die Welt man jene prophetische Kritik auf sich beziehen muß, um darin alle eigenen religiösen Werte als zerfallen zu erkennen.
Es liegt auf der Hand, daß Barth und Tillich in dieser Frage nicht nur analoge Ergebnisse zeitigen, sondern daß offenbar auch ganz analoge Momente – wie z. B. das Rechtfertigungs-Urteil – im Mittelpunkt dieser Gedanken stehen. Man muß diese Tatsache auf sich wirken lassen, denn es ist überraschend, wie nahe sich Barth und Tillich in Begründung wie Ausführung ihrer grundsätzlichen theologischen Religions- wie Kirchenkritik stehen und wie gut ihre Argumentations-Zusammenhänge offenbar zusammenstimmen! Ich habe den Eindruck, daß in der Tatsache dieser Konvergenz zwei grundverschiedene Modelle theologischen Denkens in einer Gemeinsamkeit sichtbar werden, die erstaunt.
Freilich wird die Verschiedenheit auch sichtbar, so daß Karl Barth mit dieser Frage nach den Religionen ständig vor das Missionsproblem führt, bzw. aus Missionsproblemen heraus denkt. Dies liegt Tillich ganz fern. Er hat dann ja auch die Mission grundsätzlich abgelehnt.
Die Konvergenz der beiden sonst so tief verschiedenen Systeme bei dieser Frage der Religionen hat ihren Grund darin, daß beide die geschichtliche Wirklichkeit verlassen können, um ein ihr schlechthin Überlegenes aufzusuchen. Tillich kann gegenüber der protestantischen Ära das Protestantische Prinzip, das letztlich im Rechtfertigungs-Urteil »besteht«, aufsuchen. Er kann das Neue Sein und er kann den göttlichen Geist von der kirchlichen und religiösen Wirklichkeit unterscheiden. Die religiösen wie kirchlichen Wirklichkeiten gehen denn auch vorüber. 1937 meint Tillich, die protestantische Ära sei zu Ende[124]! Damit ist das Protestantische Prinzip aber nicht vorbei. Es ist ewig. Es inkorporiert sich in neuen geschichtlichen Gestalten. Es gibt daher möglicherweise ein nachprotestantisches Christentum. So kann Tillich den göttlichen Geist oder das Neue Sein von ihren geschichtlichen Gestalten abheben. Er meint auch, er müsse das tun, damit die Reinheit des bestimmenden Prinzips – um das es allein geht – herauskommt.
Barth kann ganz ähnlich die Offenbarung von der Offenbarungs-Religion abheben. Ja, er muß das tun, um seine »göttlichen Urteile« freizulegen. Das heißt, dieser Vorgang gehört zur Theologie. Aber Barth meint auch, diese Abhebung von Offenbarung und Offenbarungs-Religion sei auch historisch verifizierbar. Er zeigt, daß die Offenbarung z. B. im Übergang vom Judentum zum Christentum die Religion gewechselt habe (S. 360). Insofern hat ja auch die Kirche für ihn keine Sicherheit, bestehen zu bleiben, denn die Offenbarung kann sich jederzeit auch von diesem Leib trennen. An der Unterschei-

124. In: Ende der protestantischen Ära? I, GW VII, S. 157.

dung der Offenbarung oder des »Namens Jesus Christus« von ihren geschichtlichen Wirkungsgestalten hängt für Barth die Theologie. Theologie ist der Versuch, die Offenbarung selbst zu Worte kommen zu lassen und damit die »göttlichen Urteile« nachzuvollziehen. Dazu muß diese Offenbarung aus ihren geschichtlichen Wirkungsgestalten gelöst werden. In der Theologie scheiden sich der »Name I.Xϱ.« und die Kirche voneinander. Zu der menschlichen Natur Jesu gibt es freilich Analogien in der Kirche. Das Wesentliche aber ist die Unterscheidung!

Das Vorgehen Paul Tillichs mit der Scheidung von »Prinzip« und geschichtlicher Wirklichkeit spiegelt die idealistische Schematik wieder, der er zustimmte und bis zum III. Bd. der Systematischen Theologie auch treu blieb. Das heißt, man kann und muß die Wahrheit von ihrer geschichtlichen Wirklichkeit trennen. Darum muß sich die Religionsphilosophie von der Religion befreien. Dieser idealistische Schematismus macht für Tillich religionsphilosophische wie theologische Arbeit möglich. Barth hat von seinen Anfängen an diesen idealistischen Schematismus bekämpft. Ein sog. »protestantisches Prinzip« z. B. ist ihm ein Greuel. Aber seine theologische Intention, die Offenbarung als sie selbst zu Worte kommen zu lassen, zwingt ihn zu ähnlichen Operationen wie Tillich. Barth muß die Wahrheit als Offenbarung ebenfalls von der geschichtlichen Wirklichkeit, d. h. von der Offenbarungs-Religion, abheben. Das tut er mit äußerster Vorsicht, indem er die Unzertrennlichkeit beider auch immer wieder einzuholen sucht. Die christliche Religion ist Unglaube. Das Urteil kennzeichnet die Phase der grundsätzlichen Abhebung. Die christliche Religion »wird« die »wahre Religion«. Dies Urteil kennzeichnet die Phase der Verbindung. Diese Verbindung geschieht unter Wahrung der göttlichen Freiheit. Daher kann man nie sagen, daß das Christentum in seinen Erscheinungen die »wahre Religion« ist. Aber man kann vom Rechtfertigungs-Urteil aus sagen, daß das Christentum als »wahre Religion« designiert ist. Der Gang dieser Bemühungen ergibt den »dialektischen Schein«. Das göttliche Urteil gilt der Wirklichkeit, betrifft sie, ist aber nicht in ihr als solcher anzutreffen.

Wir sehen also, wie die parallelen Urteile Tillichs und Barths in dieser Frage aus einem gleich aufgebauten, aber gegensätzlich interpretierten Denkmodell stammen. Das Modell ruht in der Überzeugung, die geschichtliche Wirklichkeit und ihre Zweideutigkeiten durchstoßen zu können auf ein anderes Klares, Unzweideutiges und Reales. Tillich meint, dies sei der Vollzug des Denkens, und dieses Klare liege als Wesen hinter oder über aller geschichtlichen Wirklichkeit. Barth meint, dies sei ein Vollzug, den Gott in Bewegung bringt, der sich in seiner »Selbst-Offenbarung« der Welt zuwendet. Der Unterschied scheint eminent zu sein! Das Modell aber ist in abstracto identisch. Die gleichen Schlüsse an dieser Stelle machen das einsichtig.

4. Otto Weber

Wir schließen an die Darstellung Karl Barths noch eine kurze Bezugnahme auf Otto Webers Dogmatik[125] an. Wir tun das nicht, weil wir bei Weber wesentlich andere Gesichtspunkte als bei Karl Barth erwarteten. Aber Otto Weber hat das Problem der Religion selbst gar nicht erörtert. So macht uns eine Beschäftigung mit seiner Dogmatik auf Problemerstreckungen der Frage nach den Religionen aufmerksam, die uns wichtig erscheinen.
Weber steht, wie bekannt, der Gesamtsicht Barths nahe. Er sagt in der Frage nach der Notwendigkeit einer christlichen Lehre: »Das ›Christentum‹ ist die mit der Offenbarung absolut nicht identische, ihr aber dennoch ... zugeordnete »Religion«, und es ist als solche das zur Sache gehörige, von ihr unabtrennbare Mißverständnis« (I,20). Das heißt also, daß Religion als Religion als eine historische Erscheinung und geschichtliche Notwendigkeit ein Mißverständnis dessen ausdrückt, was Offenbarung heißt. Damit ist die Religion in ihrer Charakteristik so gekennzeichnet, wie man es von Barth aus erwarten kann. Auch seine Gegenposition zu Schleiermacher wie zu Ritschl kann Weber daran ausdrücken, daß jeder von beiden die christliche Botschaft auf Religion hin ausgelegt habe. Bei Schleiermacher ist es der Versuch, das Christentum als Religion zu verstehen, in der die Einheit von Sein und Bewußtsein vollzogen ist (I,154f.). Bei Ritschl ist es die These, daß das Christentum darin Religion sei, daß es als sittliches Geschehen erfaßbar ist (I,165). Diese Versuche kennzeichnen den fragwürdigen Entwicklungsgang der modernen Dogmatik gerade darin, daß sie das Christentum so oder so im Zusammenhang mit Religion erläutern bzw. verstehen wollen. Man kann diese Frage auch da stellen, wo das Christentum und sein Gottesglaube monotheistisch, d. h. wiederum im Zusammenhang von Religion, beschrieben wird. Bei diesen Versuchen – Weber zieht auch hier Schleiermacher heran – wird zumal deutlich, daß auch da, wo das monotheistische Christentum als höchste Form von Judentum und Islam verstanden wird, »das ›eigentümlich Christliche‹ bereits inhaltlich in Frage gestellt ist« (I,391). Schon dieses Vorgehen, »das eigentümlich Christliche als Besonderheit innerhalb des Religiösen überhaupt zu ermitteln« (I,391), enthält den Fehler. Das heißt aber, daß das, was den christlichen Glauben zum christlichen Glauben macht, unvergleichbar mit Vorstellungen oder Motiven anderer Religionen ist. Man kann christlichen Glauben eben auch nicht außerchristlichen Vorstellungen als höchste Form zuzuordnen versuchen. Auch damit wäre der Grundfehler wieder da.

125. *Otto Weber:* Grundlagen der Dogmatik, I. Bd., Neukirchen 1955.

Besonders aufschlußreich ist diese Grundposition bei der Besprechung des Schöpfer-Glaubens zu beobachten. Weber erläutert hier zunächst, daß der Glaube an Gott den Schöpfer nicht kosmogonisch gemeint sei, sondern mitten in der Heilsgeschichte steht (I,513). Er spricht nicht von Welterklärung, sondern von dem Gegenüber von Gott und Welt (I,519f.). Der Glaube an den Schöpfer ist aber auch nicht auf Vergangenes gerichtet, denn der Schöpfer ist stets gegenwärtig (I,516). Der Glaube an den Schöpfer geht auch nicht auf Weltbeobachtung, sondern auf das Wort der Offenbarung zurück (I,516f.). Damit hat Weber die Abgrenzungen getroffen, aus denen deutlich werden kann, daß zwischen den Schöpfungsaussagen der außerchristlichen Religion und der des christlichen Glaubens ein unüberbrückbarer Unterschied besteht. In den Religionen »begegnet uns kein ›Gegenüber‹« (I,521). In den Religionen wird die Welt vergottet – »Gottheiten als Machtträger oder Schicksalsgestalter, als Elemente, Gestirne usw.« – oder das Ich wird vergottet (I,521). Wie immer man das ansieht, meint Weber, die Religion intendiere die Welt als Macht und das Ich als das Sich-selbst-Überschreiten. Darin sei deutlich, daß die Religion das Gegenüber – nämlich Gott – nicht erkenne: »Religion ist nicht Unsinn oder Sinnlosigkeit, sondern das verfehlte Gegenüber« (I,521). Das heißt also, daß mit der Botschaft von Gott als dem Schöpfer »eine reale Entgötterung« passiert. Die Welt und das Ich und all ihr Darüber-hinaus werden abgetan. Es geht im Schöpferglauben nicht um Welt oder Selbst. Es geht um die Verkündigung dieses Gottes als des Gegenübers zur Welt, der sich der Welt annimmt. Mit diesen Gedanken sind die Religionen als der Versuch, die Welt oder den Menschen aus sich selbst zu überhöhen, charakterisiert. Wenn das die Religionen sind, dann haben sie nicht nur ein »verfehltes Gegenüber«, sondern dann hat Barth mit seinem Ansatz ganz recht, und der christliche Glaube hat auch als Glaube an den Schöpfer gar nichts mit dem zu tun, was in den anderen Religionen als Gott, der die Welt schafft, geglaubt wird.
Wir können diese allgemeine Einsicht in die Meinung Webers zu den Religionen, die Karl Barth offenbar sehr nahe steht, aber noch mehr präzisieren. Weber befaßt sich nämlich eingehend mit der Frage der sog. »natürlichen Gotteserkenntnis« (I,219–241). In dieser Frage nach der Gottes-Erkenntnis faßt sich für Weber in der Tradition Calvins das Problem der Religionen zusammen. Der Ansatz zu dieser Fragestellung muß uns beschäftigen. Weber sagt nämlich, daß das Erkennen Gottes im Zusammenhang der christlichen Botschaft »als Akt der Begegnung, der Gemeinschaft, des Glaubens« (I,219) zu umschreiben sei, wie es auf Gottes Offenbarung beruhe. Es sei nun aber die Frage, »ob uns nicht eine – gewiß vorläufige vorbereitende, vielleicht noch ganz uneigentliche – ›Erkenntnis‹ Gottes auch aus dem erwachse, was wir vor oder außerhalb der Begegnung mit dem verkündigten, bezeugten, geschehenen Wort an uns selbst oder an der uns gegebenen Wirklichkeit wahrnehmen« (I, 219). Diese Fragestellung versteht sich wohl, wenn wir die theologische

Tradition dieser Überlegungen betrachten. Aber da diese Erwägungen dann ja auch auf die Religionen ausgezogen werden, so müssen wir kurz bedenken, daß alle Religionen dem voll zustimmen werden, daß die Erkenntnis ihres Gottes auf einen »Akt der Begegnung der Gemeinschaft und des Glaubens« zurückgehe und nicht auf Wahrnehmungen, die offenbar jenseits dieser Begegnung etc. liegen.
Weber also geht bei der Frage nach der »natürlichen Gotteserkenntnis« davon aus, daß es abgesehen von jenem »Akt der Begegnung, der Gemeinschaft, des Glaubens« noch Wahrnehmungen der Wirklichkeit geben könne, die zu einer Erkenntnis Gottes führen könnten. Bei dieser Wahrnehmung geht es, sagt Weber, »allemal um die Wahrnehmung einer Letztheit, wie sie der eigentliche Gehalt der Religion überall ist« (I,220). Es geht also in dieser Frage um die theologische Beurteilung solcher Letztheiten, wo sie im Zusammenhang der Gotteserkenntnis gebraucht werden. Diese Fragestellung Webers ist völlig sachgemäß. Es geht in den Religionen wirklich um die Gottheiten als solche Letztheiten. Es ist ja auch unübersehbar, daß der Gottesglaube der christlichen Verkündigung häufig daraufhin ausgelegt ist. Luther z. B. hat es im Großen Katechismus ebenso gemacht, daß er Gott dadurch charakterisiert sein läßt, worauf der Mensch letztlich sein Vertrauen baut. Weber macht dann ebenso sachgemäß darauf aufmerksam, daß das Mißtrauen der Moderne gegen die ganze sog. »natürliche Theologie« von Kant stamme und mit seiner Priorität des Sittlichen zusammenhänge. Gerade ein Mann wie W. Herrmann, der die neuere Theologie in K. Barth wie in R. Bultmann und E. Hirsch weitgehend bestimmte, ist von dieser kantianischen Wendung stark beeindruckt. Aber Weber möchte die Frage nach jener Gotteserkenntnis auf Grund von Letztlichkeiten der Welt nun doch noch besonders zuspitzen. Er will nämlich so fragen, ob es mit diesen Wahrnehmungen etwa zwei Quellen oder Normen für die Theologie gibt (I,224). Es geht ihm also um das, was er »Offenbarungsqualität« benennt. Dafür sucht Weber die Argumente und umspannt damit auch die Rede von der sog. Ur-Offenbarung.
Die Erörterung Webers hat eine besonders wichtige Fragestellung. Er sieht nämlich mit dieser Frage die »Kontinuität zwischen Gottes Gnadenhandeln und der »natürlichen Wirklichkeit« (I,227) behandelt. Dies, meint Weber, spreche sich in dem Postulat der natürlichen Theologie aus, daß die Welt als Geschöpf Gottes doch nicht sinnlos sein könne (I,227). Dieses Postulat werde nun nicht nur aus der Schöpfung, sondern auch aus der Tatsache belegt, daß der Mensch Jesus ja Träger Gottes sein konnte: »Es muß also eine Kontinuität zwischen ›Natur‹ und ›Gnade‹ bestehen« (I,228). Die Frage, die sich für Weber als Frage der natürlichen Theologie stellt, ist also dieses Kontinuitäts-Problem. Zu diesem Problem stellt Weber nun fest, daß es – wie Jesus Christus zeige – allerdings eine Kontinuität Gottes und der Welt gebe. Aber diese Kontinuität sei nicht eine in der Welt vorfindliche Möglichkeit oder Identität zu

Gott, sondern sei der große Übergriff Gottes. Gott schafft dieses Faktum. Aber abgesehen von diesem Akt ist von Kontinuität keine Rede (I,230). Diese Lösung Webers ist dadurch, daß er die ganze Frage ins Christologische hinüberspielt, scheinbar gelöst. Aber es ist ja das Typische der sog. natürlichen Theologie, gerade nicht christologisch zu argumentieren.
Aber Weber greift auch wieder hinter dieses christologische Scheinproblem zurück und stellt die Frage nochmals so, ob es eine ontologische Gottesferne des Menschen gebe (I,231). Man wird vielleicht sachgemäßer fragen, ob es ontologisch gesehen oder gefragt eine Gottesferne des Menschen gebe. Weber meint hiermit, daß der Mensch in seinem Dasein und als Dasein von Gott nicht grundsätzlich fern oder getrennt ist. Dies gilt im biblischen Bereich – Weber verhandelt die dicta probantia Apg 17,27; Röm 1,10–2,16; Apg 14,15–18 – auch gerade für »Heiden« (I,231). »Die Heiden werden ersichtlich gar nicht bei ihren Theorien über Gott sondern bei ihrem faktischen Gottesverhältnis genommen« (I,231). Ein solches Gottesverhältnis »besteht einfach«. Diese Faktizität des Gottesverhältnisses im außerchristlichen Bereich ist nach Paulus ganz selbstverständlich: »Paulus weiß nichts von einer ontologischen Geschiedenheit des Heiden von Gott« (I,233).
Danach also ist nicht zu bestreiten: »Wir vermögen es schon, Letztheiten auf die Spur zu kommen. Das hat die Religion, die Mythologie und die Philosophie aller Zeiten und Völker gezeigt« (I,234). Diese Letztheiten müssen nach dem ganzen Zusammenhang faktische Wirkungen Gottes sein. Weber zieht diesen Schluß von den Letztheiten auf Grund der Tatsache, daß kein Anlaß vorliegt, skeptisch zu sein: »Auf ›Gott‹ stößt der Mensch wohl schon« (I,234). Dieser ›Gott‹ kann ja wohl nur der Gott sein, der der Vater Jesu Christi ist. Soweit also ist das Ganze stimmig. Aber dann fängt der Abweg an, daß nämlich der Mensch »im Nachforschen nach ›Gott‹ über sich hinausgreift: in seine tiefste Tiefe und auf seine höchste Höhe« (I,234). Das heißt also, daß der Mensch, der auf Gott gestoßen ist, dann anfängt Gott nachzuforschen. Weber sagt, wie das geschieht: »Er tut das spekulierend wie auch handelnd, indem er die je von ihm erkannten Letztheiten vergöttlicht und so auf Götter oder auf das ›Schicksal‹ oder auf die ›Vorsehung‹ oder auf das ›Gute, Wahre und Schöne‹ oder auch auf die ›nordische Rasse‹ usw. kommt« (I,234). Dieser Satz ist inkonsequent. Der Mensch, der auf Gott stieß und Letztheiten erkannte, das ist nach dem Vorigen ja durchaus ernstzunehmen, braucht diese Letztheiten ja nicht mehr zu vergöttlichen. Er erkennt vielmehr diese Letztheiten an als das, was sie sind – nämlich die sog. ontologische Gottesnähe. Aber, so meint Weber wohl, der Mensch interpretiert diese Letztheiten nun im Sinne seiner Wünsche als dies oder das: »Jedesmal ist das Göttliche, das er denkt oder handelnd beeinflußt, der Inbegriff seiner Ziele (wenn auch, wie Ludwig Feuerbach es deutlich gesehen hat, seiner höchst indirekten Ziele) ...« (I,234). Damit also stehen wir nach der Meinung Webers bei Feuerbach. Die Religionen sind

Zielprojektionen menschlicher Wünsche. Das Christentum aber ist das nicht. Diese »doppelte Buchführung« von Religionen und Christentum ist gefährlich. Es ist schwer auszumachen, womit das Christentum sich noch herausreden will, wenn Feuerbach für alle Religionen recht hat. Diese Sicht ist aber auch inkonsequent: Weber hat erwiesen, daß der Mensch in seinem ganzen Dasein Gott, dem wahren Gott, nahe ist und also, wie er sagt, auf Gott stößt. Weber will nun sagen, daß der Mensch diesen Gott, bzw. diese Letztheit, interpretiert und daß er dies mit seinen Wünschen und Zielen tut. Dies ist aber nicht Feuerbach. Feuerbach lehrt nicht, daß der Mensch auf Gott stößt, weil dieser Gott ihm begegnet – was Weber ja nach Röm 1 u. 2; Apg 14 u. 17 sachgemäß erörtert. Feuerbach läßt den Grundzusammenhang eine Fiktion sein. Das heißt also, daß der Bezug Webers auf Feuerbach offenbar unsachgemäß ist.

Was Weber hier zeigen will, und was ja wohl auch religionswissenschaftlich unbestreitbar ist, das ist dies, daß der Mensch den Gott, der auf ihn »stieß«, mit seinen Zielvorstellungen interpretiert und damit immer wieder – auch – zum Götzen macht. Weber sagt ganz mit Recht: »Zum ›Götzen‹ gehört nicht notwendig, daß die Vorstellungsinhalte, die mit ihm verbunden gedacht werden, falsch oder ›aus der Luft gegriffen‹ sind (...) sondern daß das Göttliche zum Garanten des Menschen, seiner staatlichen Ordnung ... seiner Sehnsucht ... wird« (I,234). Weber also will sagen, daß im außerchristlichen Bereich die Dämonisierung des Glaubens unvermeidbar sei. Daß die Erlösung allein Gottes Tat in Christo sei, ist der Gotteserkenntnis einziger Grund. Jener Grundsachverhalt, daß alle Menschen auf Gott stoßen (I,237), hebt die hybriden Selbstprojektionen des Menschen nicht auf und hindert sie nicht (I,238). Damit ist der Weg einer »natürlichen Gotteserkenntnis« verstellt, »weil er, um und um von Gott umgeben, dennoch seinerseits als Sünder schlechterdings von Gott getrennt weil gegen ihn gerichtet ist« (I,238).

Weber geht von hier nochmals grundsätzlich auf die Frage des Unterschiedes zwischen außerchristlicher und christlicher Gotteserkenntnis ein. Er lehnt die außerchristliche im Gesamtkonzept ab, weil sie die spezifische Offenbarungswahrheit nicht anerkennt und damit stets in einem falschen Modell denkt. Die welthaften Gegebenheiten, auf die sich die »natürliche Gotteserkenntnis« richtet, sind »keineswegs als Vorbereitung auf die im Glauben geschehende Gotteserkenntnis ... sondern als deren überwundenes Gegenteil« anzusehen (I,240). Es gibt für Weber also nur den ausschließenden Gegensatz zwischen den Religionen und dem Christentum. Damit ist Weber Karl Barth treu geblieben.

C. Die Religionen und das Christentum

I. Vom 16. zum 20. Jahrhundert

a) Die Konvergenz in den Beurteilungen

Wenn wir die Beurteilungen der Frage nach dem Verhältnis des Christentums zu den Religionen im 16. und 20. Jahrhundert an uns vorüberziehen lassen, so ist der erste Eindruck der, daß hier trotz aller Unterschiede im einzelnen doch starke Konvergenzen walten. Wenn z. B. Luther jede außerchristliche Religion als Gesetz und Gesetzeserfüllung dem Christentum als Evangelium, und das heißt Rechtfertigung aus Gnaden, gegenüberstellt, so ist das eine Sicht, die von der Tillichs und Barths im Ergebnis nicht sehr weit entfernt ist. Wenn Melanchthon wie Calvin die Erkenntnisgrundlagen im Christentum und in den Religionen auf eine gemeinsame anthropologische Basis zurückführen, so ist dieser Erwägungshorizont nicht weit von den Grundlagen der Uroffenbarung bei Paul Althaus entfernt. Zwar verbergen sich in diesen Konvergenzen tiefe Unterschiede in den theologischen Prämissen, wie wir uns das z. B. bei den Konvergenzen zwischen Barth und Tillich klarmachten. Aber gleichwohl ist das Ergebnisfeld der Urteile über die Religionen vom 16. zum 20. Jahrhundert wenig verändert.

Diese Tatsache ist darum so erstaunlich, weil zwischen den Urteilen der Reformatoren und denen der Theologen des 20. Jahrhunderts sehr tiefgreifende geistige Wandlungen liegen, die gerade die Problematik der Religionen und ihre Einschätzung, aber zumal auch ihre Bekanntheit, betreffen. Die Reformatoren kannten von den außerchristlichen Religionen allenfalls den Islam. Luther selbst las den Qur'an in der lateinischen Übersetzung zwar zweimal[126]. Aber damit ist noch nicht so sehr viel Einsicht in den Islam gegeben. Daneben wird das Judentum als Fremdreligion betrachtet und die humanistisch gebildeten Theologen wie Melanchthon und Calvin dachten an die antiken Religionen mehr als an den Islam. Aber auch Teile des Katholizismus, und zwar die Heiligenverehrung oder der Reliquienkult, wurden außerchristlichen religiösen Impulsen zugerechnet, was ja auch nicht fernliegt. Obwohl man inzwischen die Fülle der außerchristlichen Religionen kennenlernte, hat sich in den Beurteilungen offenbar wenig verändert.

Aber die Tatsache, daß sich bestimmte Beurteilungsmuster vom 16. bis 20. Jahrhundert durchhalten konnten, ist zumal auch darum erstaunlich, weil zwischen diesen beiden Zeitaltern die Aufklärung des 18. Jahrhunderts und

126. Luther übersetzte 1542 die lateinische Ausgabe des Qur'an von Ricardus. Er bemerkte sehr deutlich, wie schlecht diese lateinische Übertragung war, hielt es aber trotzdem für wichtig, den Qur'an wenigstens bekannt zu machen.

die darauf aufbauende Religionskritik des 19. Jahrhunderts liegen. Es sieht so aus, als hätten diese tiefgreifenden Wandlungen auch gerade hinsichtlich der Bedeutung der Religionen im Verhältnis zum Christentum nicht viel verändert. Die Aufklärung hat selbst nur eine Transposition des spezifisch Religiösen ins Sittliche oder meist ins Moralische vorgenommen. Sie meinte damit einen wesentlichen Fortschritt erzielt zu haben. Aber diese Überzeugungen zerfielen ebenso wie die Versuche, die Aufklärung selbst als »Göttin Vernunft« zur Grundlage einer Neu-Religion zu machen. In Form der sog. Religionskritik des 19. Jahrhunderts kamen aufklärerische Impulse sehr viel intensiver und grundsätzlicher zum Zuge. Jedoch auch ihre Wirkungen auf die Dogmatik blieben aus. Teilweise übernahm man Feuerbachs Projektionstheorie, um die außerchristlichen Religionen wegzuerklären. Das Christentum nahm man freilich davon aus und kam so zu einer bequemen »doppelten Buchführung«. Aber diese Einflüsse blieben im ganzen gesehen oberflächlich – jedenfalls bei der dogmatischen Beurteilung der Religionen.
Wir werden uns gleich näher mit dem Ausbleiben der Wirkung der beiden Wandlungen auf die Theologie befassen. Zunächst müssen wir aber noch eine dritte Beobachtung anschließen: Diese konvergenten Ergebnisse werden ja unter theologisch ganz divergenten Axiomen erzielt. Wir haben uns dies ja schon bei Tillich und Barth klargemacht. Die Ergebnisse beider Denker sind zum Verwechseln ähnlich. Aber ihre Ausgangspositionen sind weit getrennt. Das ist aber auch im Verhältnis Barths zu Luther so. Wenn Luther – ähnlich wie Barth – die Religion nicht nur als Unglauben, sondern als Gotteslästerung bezeichnen kann, so sind die theologischen Hintergründe dafür bei beiden doch sehr verschieden. Barth denkt von Gott her, Luther denkt von dem Menschen her, der von dem Wort Gottes betroffen wird. Da scheinen ihm die Muslime den Christen überlegen zu sein, wenn es auch bei ihnen nicht übers Gesetz hinausführt. Trotz dieser Unterschiede zeigt sich im 16. und 20. Jahrhundert ein analoger Schluß. Diese Eigentümlichkeit ist vor allem dadurch gegeben, daß die vitale Situation, in der verschiedene Religionen aufeinander zugehen, in der die eigene Religion natürlich als wahre Religion geglaubt wird, darum aber alle anderen Religionen als minderwertig abgetan werden, daß diese vitale Situation dieselbe bleibt. Solange dieses vitale Grundkonzept unverändert bleibt, bleibt auch die dogmatische Denkform dieselbe – so verschieden sie auch begründet wird.
Dies aber scheint nun auch gerade das Erstaunliche zu sein, daß sich das vitale Grundkonzept hielt! Jedoch da sind heute auch einige Veränderungen zu sehen, die wir unten unter dem Stichwort einer Theologie der Religionen behandeln werden. Zunächst wenden wir uns nochmals einer Würdigung der Veränderungen zu, die hinsichtlich des Problems der Religionen im Verhältnis zum Christentum im Verlaufe der vierhundert Jahre seit der Reformation zu verzeichnen sind.

b) Die wachsende Kenntnis der Religionen

Die Geschichte des Bekanntwerdens der außerchristlichen Religionen in Westeuropa ist noch nicht vollständig geschrieben. Es ist eine Geschichte, die voll von mutigen Pioniertaten wie von wunderlichen Ideologisierungen war. Die oft märchenhaft ausgestaltete Vorstellung von Schrecklichkeiten in den »heidnischen« Kulten war ebenso anziehend wie die Legende vom »edlen Wilden«, die ausgerechnet die größten Aufklärer Mitte des 18. Jahrhunderts bestrickte. Erst das 19. Jahrhundert[127] konnte die ersten wirklich begründeten Einsichten einerseits in die Religionen der antiken Welt von Rom bis Indien, andererseits aber in die lebenden Religionen der ganzen Welt tun. Die unglaubliche Materialfülle an Texten z. B. aus Ägypten, die bis heute auch noch nicht zu einem Bruchteil auch nur gelesen, geschweige denn bearbeitet sind, ebenso wie an ethnologischen Materialien aus den primitiven Kulturen und an Text- wie Kultstudien aus den Hochreligionen Asiens überfiel die westeuropäische und die nordamerikanische Welt. Die eminente Fülle des Eigen-artigen und Fremd-verwandten verwirrt. Sie ist in vielen Einzelwissenschaften »eingesargt« und dringt von dort nur spärlich in das Gesamtbewußtsein.

In den ersten Jahrzehnten des 20. Jahrhunderts machte die sog. religionsgeschichtliche Schule den Versuch, dieses ganze Material für die Theologie fruchtbar werden zu lassen. Aber diese »Bewegung« verlief im Sinne des historischen Positivismus. Das hieß *erstens*, daß man sich für Abhängigkeiten interessierte. Man meinte, daß analoge religiöse Erscheinungen aufeinander rückführbar sein müßten. Da nur Originales wert sein soll, so wurde alles scheinbar Abhängige und darum Sekundäre wertlos. Der berühmte Babel-Bibel-Streit, der die biblische Religion meinte aus mesopotamischen Einflüssen ableiten zu können, erschütterte das christliche Bewußtsein weiter Kreise. Die damals erscheinenden »religionsgeschichtlichen Volksbücher« sollten das große Aufklärungswerk religionsgeschichtlicher Ableitungen breiten Kreisen zuführen. Dies hieß *zweitens*, daß primär nur die historisch arbeitenden exegetischen Disziplinen der Theologie von diesem religionsgeschichtlichen Material Kenntnis nahmen. Man konnte nur hier nach den Abhängigkeiten Ausschau halten, in denen man dachte. Das große Lebenswerk eines Alfred Jeremias zeigt, wie weit man sich in diesem Denken vorwagen konnte.

In den systematischen Überlegungen der Theologie blieb das große religionsgeschichtliche Material ohne eigentliche Wirkung. Ansätze religionspsychologischer Art, wie sie das dogmatische Denken Wobbermins[128] präg-

---

127. 1826 wurde der Stein von Rosette entziffert und der Weg zur ägyptischen Religion frei. 1826 wurde aber auch erst das Pali, die Sprache des buddhistischen Kanons, durch Burnouf erschlossen!

128. *Georg Wobbermin:* Systematische Theologie nach religionspsychologischer Methode, 3. Bd., Leipzig 1926.

ten, hatten nur eine kurze Lebensdauer. Die Religionsphänomenologie, die das theologische Denken in besonderer Weise hätte herausfordern können, blieb praktisch ohne Wirkung. So blieb das Werk Rudolf Ottos theologisch von geringem Belang. Rudolf Otto war auch so stark religionsphilosophisch bestimmt, daß auch seine Grundthesen bereits die wirklichen Religionen nur bedingt wiedergaben. Dieses religionsphilosophische Interesse war gleichbleibend stark. Es ist interessant, wie dies Interesse das religionsgeschichtliche Material zwar illustrativ verwendete, aber in seiner Tendenz, die Religion an sich zu bestimmen, zugleich vernebelte. Dies ist bei Friedrich Brunstäd ebenso wie bei Heinrich Scholz zu erkennen. Die Religionsphilosophie kam ohne ernsthafte Bezugnahme auf die Religionen aus. Sie regulierte ihre Fragestellungen und Einsichten nicht auf Grund des großen Materials aus den Religionen. Ein Mann wie Tillich begann erst in den letzten Jahren seines Lebens, die Religionen zur Kenntnis zu nehmen.

Die Kenntnis der außerchristlichen Religionen bedeutet für die christliche Theologie eine doppelte Herausforderung und »Möglichkeit«. Die Verschiedenheit dieser beiden Momente ist im allgemeinen nicht erfaßt. *Einmal* bedeutet das religionsgeschichtliche Material insofern eine Herausforderung, als die christliche Überzeugung von dem Heidentum, das, in finsterer Unkenntnis von Dämonen gejagt, dringend zu lichten christlichen Einsichten befreit werden muß, sich als unhaltbar erweist. An diesem Material läßt sich die Rede von der wahren Religion im Christentum und der Götzenverehrung in den außerchristlichen Religionen nicht erweisen. Es gibt keinen »Gedanken« christlicher Glaubenseinsicht, der sich nicht an anderen Religionen so erweisen ließe, daß die Tiefe seiner religiösen Kraft in analoger Klarheit hervorträte. Das besagt zwar nicht so sehr viel, denn es kommt auf den Gesamtzusammenhang solcher »Gedanken« in der Gesamtkonstellation einer Religion an. Aber es besagt sehr viel zu der erstaunlichen Einbildung christlichen Selbstverständnisses, als sei der christliche Glaubensinhalt turmhoch anderen Religionen überlegen. Davon kann keine Rede sein. Der Grund für diese falsche Sicht ist einmal das missionarische Interesse, zweitens der westeuropäische zivilisatorische Dünkel, drittens aber eine falsche Erfassung des möglichen Vergleichs von Religionen. Man vergleicht die Religionen und das Christentum so, wie man das buddhistische logische System von Dharmakirti[129] mit der Logik Kants vergleichen kann. Man wird der Tatsache, daß die Religionen lebendige Individualitäten sind, nicht gerecht. Die Fehlansätze dieser Vergleichsmethoden sind gewiß auch eine Folge der phänomenologischen Forschung. In der Phänomenologie sieht es so aus, als könne man Ein-

---

129. Das Logik-Lehrbuch von Dharmakirti ist mit seinem Kommentar von Dharmottara übersetzt und veröffentlicht von *Th. Stcherbatsky:* Buddhist Logik, 2 Bde., 'S-Gravenhage 1958 (Indo-Iranian Reprints, Bd. IV).

zelelemente der Religionen – also den König, das Gebet oder das Opfer – so aufeinander beziehen, daß sich daraus Einsichten ergäben. Wenn ein Meister der Intuition wie Gerardus van der Leeuw diese Methode handhabt, dann vermittelt er tatsächlich Einsichten. Die entstammen aber nicht dem Material. Wenn andere eine Religionsphänomenologie treiben, dann werden das mehr oder weniger verdienstvolle Sammlungen von Einzelheiten, die ebenso rein informativ wie langweilig bleiben. Jedenfalls, und darauf kommt es an, macht das religionsgeschichtliche Material klar, daß das Selbstbewußtsein des Christen oder des Muslim oder des Zen-Buddhisten, die allein wahre Religion zu leben, keine Aussage ist, die sich an den Religionen »wissenschaftlich« erheben und darstellen ließe.

Zweitens bedeutet das religionsgeschichtliche Material insofern Herausforderung sowie Eröffnung neuer Möglichkeit, als die einzelnen theologischen Debatten und Loci sich heute nicht mehr aus sich selbst begreifen können bzw. sollten, da sie sich damit der Möglichkeit begeben, sich zu begreifen. Wir beobachten z. B., wie die Theologie in der Geschichte der Christologie im Laufe der Zeit die verschiedenen religionsgeschichtlich erweisbaren Interpretationen des Heilbringers oder Erlösers oder theios anēr oder Urmenschen an Jesus von Nazareth herangetragen hat. In den Christologien überlagern sich heute diese ganzen Interpretationen wie ein religionsgeschichtliches Kaleidoskop. Ein Verständnis, was denn nun dem genuin christlichen Selbstverständnis angemessen sei, ist aus der Christologie heraus sehr schwer, wenn nicht unmöglich. Dieses Verständnis ist allererst zu erreichen, wenn es gelingt, die verschiedenen Überlagerungen zu sichten. Das aber kann nur religionsgeschichtlich geschehen. Diese Einsicht besagt, daß die christliche Dogmatik wie die christliche Ethik zu ihrem eigenen Selbstverständnis der religionsgeschichtlichen Arbeit bedarf. Unkontrolliert fließen – bis heute – Deutungsmomente aus anderen Religionen in das christliche Denken ein. Heute sind es die starken Impulse aus den Neureligionen der Gegenwart, die als der Vitalismus Nietzschescher oder Blochscher Prägung oder als der »absolute« Humanismus Marxscher Prägung – wiederum unkontrolliert – in breiter Front in das christliche Selbstverständnis einströmen. Diese Überlegung kann und soll nicht besagen, daß sich das Christentum auf sich selbst zurückziehen könnte. Aber es besagt, daß es nicht ungefährlich ist, Stilelemente der hellenistischen oder germanischen Religionswelt unerkannt mitzuschleppen, obwohl diese Welten vergingen. Es besagt auch nicht, daß das Christentum die außerchristlichen religiösen Einsichten der Gegenwart nur abstoßen sollte. Die Welt, der die christliche Verkündigung dient, ist nur über die Denkstrukturen dieser Einsichten erreichbar. Aber es heißt: »Mensch, wenn du weißt, was du tust ...« Das heißt, daß ein bewußt methodisch gepflegter Umgang mit den außerchristlichen Religionen – auch gerade mit den ausgesprochenermaßen religiös gemeinten und installierten Neureligionen der Gegenwart – die Theologie befähigt, ihr traditionsgemäßes Selbstverständnis »religionskritisch« so zu gestalten, daß es von den Menschen der Gegenwart eingesehen und apperzipiert werden kann.

Wir müssen zu diesen Überlegungen nun allerdings sagen, daß diese Einsichten wenig Aussicht auf Durchsetzung haben. Wenn man die theologischen Diskussionen – also z. B. zur Gottesfrage oder zum Problem des Todes – in den letzten Jahren einsieht, dann ist man wirklich erstaunt, mit welcher Akribie und Kunst exegetische und dogmengeschichtliche Materialien gehandhabt werden. Aber das Bewußtsein dessen, was über diese Fragen in den außerchristlichen Religionen gedacht und geglaubt wurde, ist gleich Null. Nur selten tauchen die Erkenntnisse auf, die in den indischen Religionen über die Möglichkeiten, Gott zu erfahren und diese Erfahrung in Urteile zu bringen, jahrhundertelang erörtert und vorangetrieben wurde. Diese Feststellung ist deprimierend – zumal wenn man bedenkt, daß sich die europäische Theologie damit jeden Einflusses auf die Kirchen Asiens, Afrikas und Amerikas begibt. Auf den Weltkirchenkonferenzen wird ebenfalls nach wie vor »europäisch« gedacht. Das soziale und politische Problem der dritten Welt ist natürlich allen nahe – nur nicht ihre religiöse Problematik.

Es ist leider wahr, wenn Ernst Benz feststellt, »daß eine echte Auseinandersetzung des Christentums mit den nichtchristlichen Religionen, vor allem mit den großen asiatischen Hochreligionen des Buddhismus und Hinduismus, noch kaum begonnen hat«[130]. Man muß auch feststellen, daß das Interesse der Theologen an den außerchristlichen Religionen sehr gering ist. Ein ernsthaftes Studium der Religionsgeschichte geschieht nicht.

Die Kenntnis der Religionen und das Interesse an ihnen ist aber auch bei den Religionssoziologen[131] oder bei Psychologen und Psychiatern oder Religionsphilosophen gleichermaßen gering. Noch nie wurde so unablässig über die Religion nachgedacht wie heute. Aber selten hat sich ein wissenschaftliches Gespräch so weit in Abstraktionen verloren wir hier. Man spricht von der Religion – ganz allgemein. Diese aber gab es noch nie. Es gibt die Religion nur in den Religionen. Diese Religionen aber sind hoch individuiert, und man muß schon sehr weit in eine Religion eindringen, um der übergreifenden Allgemeinheiten ansichtig zu werden, die man als die Religion ansprechen könnte. Dazu ist zu bedenken: Das Eindringen in eine Religon ist bedingt durch die Subsistenz in der eigenen Religion. Darin sind sich alle die einig,

---

130. *Ernst Benz:* Ideen zu einer Theologie der Religionsgeschichte, Wiesbaden 1960, S. 429.

131. Ich habe (in: Die Soziologie und die Entwicklungstendenzen der Religion in Europa, in: Chancen der Religion, hg. von *Rainer Volp* (GTB Siebenstern 103), Gütersloh 1975, gezeigt, wie wenig die Religionssoziologie den tatsächlich gelebten Religionen gerecht wird.

die sich mit Religionen befassen, ob das nun Kitagawa, Joachim Wach oder Eliade ist. Wer selbst religionsfremd lebt, kann schwerlich Verständnis für eine Religion aufbringen. Das »öffentliche« Gespräch über die Religionen aber wird heute weithin von Menschen geführt, die keinen Erfahrungsstand in einer eigenen religiösen Überzeugung haben. Daher entgleitet ihnen notwendig die Konkretion, und sie reden im Abstrakten. Religion ist das, was man sich so denkt, wenn man den folkloristischen Teil jährlicher Massentouristik absolvierte.
Diese Überlegungen sagen für unsere Frage folgendes: Zwischen dem 16. und 20. Jahrhundert ist zwar die Kenntnis der außerchristlichen Religionen jedem möglich geworden. Ein Einfluß religionsgeschichtlicher Einsichten auf die dogmatische Erfassung der außerchristlichen Religionen wie der mit ihnen gegebenen Probleme aber blieb aus. Der Grund ist, daß man die außerchristlichen Religionen nicht zur Kenntnis nahm. Dies ist an Paul Althaus, Paul Tillich und Karl Barth denn ja auch von uns hinreichend festgestellt worden.

c) Wirkungen der Aufklärung

Die Philosophie und Theologie der Aufklärung hat das Denken Westeuropas über die Religionen entscheidend beeinflußt. In zunehmendem Maße wurde die westeuropäische Welt mit den Religionen Afrikas, Asiens und Amerikas kolonisierend, missionierend und Handel treibend im 17. und 18. Jahrhundert bekannt. Es waren viele Berichte, die von den außerchristlichen Religionen nach Europa kamen. Die Tatsache, daß die englische und französische Aufklärung die hohen Schranken des christlichen Supranaturalismus niederzulegen begannen und daß sie die Rolle des vernünftigen Menschen auch in der christlichen Religion sehen lehrte, war die Voraussetzung dafür, daß man die Vielzahl von Religionen wahrzunehmen und als Frage zu empfinden begann. Die jesuitische Mission in Ostasien z. B. konnte die vielen Anklänge dortiger Religionsübung und Glaubensanschauung an christliche Liturgie und Überzeugung nicht übersehen. Die Frage nach den Religionen stellte sich unabweisbar. Dabei spielte die »Entdeckung« der primitiven Kulturen ja gerade in Frankreich eine ganz besondere Rolle. Wir haben hier die Linie der Religionseinschätzung im Zusammenhang der Aufklärung nicht auszuziehen. Aber zwei Momente müssen wir uns vergegenwärtigen, die seit dieser Zeit eine zentrale Rolle spielen. Das ist die Forderung der Toleranz und die Idee der Entwicklung.
Die Forderung der *Toleranz* stellt eine der großen zentralen Forderungen der Aufklärung dar. Diese Toleranz ist so rein formal wie alles, was auf der Vernunft allein basiert. Rein formal aber, das heißt, daß die Toleranz keine eigenen inhaltlichen Maßstäbe mitbringt, die in der Lage wären, vielleicht Grade

oder auch Grenzen der Toleranz festzustellen. Toleranz bezeichnet die Subjektivität eines Verhaltens, das jenseits aller vitalen Eingenommenheit oder Bindung seinen Standpunkt wählt. Da von diesem Standpunkt aus alle Inhalte des Daseins gleichermaßen relativ »erscheinen«, so kann die Forderung aufgestellt werden, alle Inhalte als Erscheinungen gleichermaßen interessiert zur Kenntnis zu nehmen. Gründe für eine annehmende oder ablehnende Entscheidung fehlen. Wertungen sind nicht möglich: »Laissez faire, laissez aller!« Die Forderung der Toleranz blieb natürlich niemals »rein formal«. Wie bei anderen reinen Verstandesbegriffen, so füllte sich auch dies Vakuum mit Interessen. Die Toleranz setzt sich Grenzen – eine contradictio in adiecto. Sie setzte sich Grenzen z. B. als Menschenrecht und ihr Anspruch oder als Tugendhaftigkeit und ihre Gebote oder als vitale Lebendigkeit und ihre Notwendigkeiten. An diesen ihren Grenzen verwandelte sich die Toleranz in Unduldsamkeit. Das aber ist nun eine Unduldsamkeit des Verstandes und die wohnt stets nahe der Guillotine, wie Saint-Juste richtig erkannte.
Die religiöse Toleranz der Aufklärung hat um 1800 innerhalb der christlichen Konfessionen z. B. für Jahrzehnte ein gutes Klima der Verständnisbereitschaft herbeigeführt. Aber gerade dieses Beispiel zeigt, daß die aufklärerische Toleranz in ihrer reinen Formalität nichts Tragfähiges im Verständnis füreinander zu erstellen vermag. Die konfessionellen Schranken blieben bestehen, und die Toleranz übersah sie nur. Das ist die Gefahr der rationalen Toleranz. Sie »über-sieht« die gewachsenen vitalen Schranken geflissentlich. Dieselben können sich daher im Abseits des Vitalen voll auswachsen, um emporzuschnellen, sobald die Bannkraft aufklärerischen Verstandes erlahmt. Das aber pflegt nach wenigen Jahrzehnten der rationalen Hochspannung, die ihrem Wesen gemäß über keine Ständigkeit verfügt, der Fall zu sein. Die Toleranz der Aufklärung hat sich als so »dialektisch« erwiesen, wie die Aufklärung selbst. Daher kann Adorno zeigen, daß »die Aufklärung der neueren Zeit ... von Anbeginn im Zeichen der Radikalität«[132] stand. Das erweist die dritte Aufklärung unserer Tage ja erneut.
Das seit dem 18. Jahrhundert zunehmende Unverständnis für die Mission z. B. hat seinen Ursprung in dieser Toleranz. Insgesamt ist gerade die vulgäre Religionsbeurteilung tolerant gestimmt. Sie meint, dem Christentum z. B. die hinduistische Toleranz vorhalten zu sollen. Das ist doch etwas, wenn im Zentral-Tempel der Ramakrishna-Mission bei Kalkutta Jesus und Moses ihre Verehrungsnische neben Buddha und Krishnan haben. An dieser Toleranz der Hindu sollte man sich üben. Man übersieht dabei freilich, daß jeder Hindu eine Berührung mit einem kastenlosen Westler sehr empfindlich ablehnt und mit ihm in einem Raum zu essen für ganz unmöglich erklärt. Das heißt, daß man

---

132. *Max Horkheimer* und *Theodor W. Adorno:* Dialektik der Aufklärung, Amsterdam 1947, S. 112.

die religiöse Toleranz aus dem Bereich westeuropäischer Unverbindlichkeit heraus zwar erklären kann, daß man mit solchen Beglückungen aber bei religiös verbundenen Muslim, Hindus oder Buddhisten nur Befremden hervorruft. Die Toleranz, um die es zwischen den Religionen geht, läßt sich aufklärerisch nicht begründen. Diese Toleranz erkennt die Fremdreligion nur unter der Voraussetzung an, daß die Stellung in der eigenen Religion aufgeklärt unverbindlich wurde.

Die Toleranz, die wir Lessing in Nathan dem Weisen verkündigen sehen, liegt auf einem anderen, für die Aufklärung entscheidenden Gebiet. Die Ringparabel sagt ja, daß die Religionen sich allein dadurch als wahr zeigen, daß sie ihre Träger zu hoher sittlicher Reinheit und Verständnisweite befähigen. Diese sittliche Haltung begründet und impliziert auch die religiöse Toleranz. Die Aufklärung hat nicht nur hier die Meinung vertreten, daß das Wesentliche der Religionen ihre sittliche Kraft sei: Religion ist Tugend! Ja, man kann sagen, die ganzen Religionen hätten in dieser tugendhaften Rechtschaffenheit ihre Identität. Das heißt, daß das Gute und das Tugendhafte und Rechte überall gleich sei. So bleibt es denn dabei, daß zur sittlichen Qualitas des wirklich Frommen auch die Erkennung der anderen Religion als eines sittlichen Lebensvollzuges gehört. Die Aufklärung transponiert das Religiöse ins Moralische. Dabei kommt man sich ganz besonders aufgeklärt vor, weil das Moralische einsehbar ist, während das Religiöse sich entzieht. Die Ringparabel Lessings ist so einleuchtend, weil sie das Religiöse als das zentral Differente erstmals beseitigt. Über den edlen Menschen mit seinen moralischen Bestrebungen einigt man sich dann schon. Der Irrtum dabei ist nur, daß es diese edle Tugendhaftigkeit als Identität der religiösen Kulturen nicht gibt. So zerfällt auch dieser Toleranzgrund angesichts der Wirklichkeit.

Die andere große Einwirkung der Aufklärung auf die Beurteilung der Religionen erfolgte über die Idee der *Entwicklung.* Der Entwicklungsbegriff der Aufklärung versuchte bis zu Herder hin das geistige und religiöse Dasein der Menschen in einem großen Zusammenhang mit der naturhaften Entwicklung zu sehen. Dabei spielt die Leibnizsche Idee von dem »präformierten Samen« und damit die bildhafte Erfassung der Entwicklung als Auswicklung eine zentrale Rolle. Mit Kant, Fichte und Hegel verschiebt sich dieses Bild zugunsten einer eigenen Theorie für die geschichtliche Entwicklung gegenüber der naturhaften. Kant hat zuerst die Spontaneität menschlichen auf-Zukunft-aus-Seins gegenüber aller naturhaften Auswickelung behauptet. Der Mensch bringt die Entwicklung der Menschheit gleichsam selbst zustande. Dies aber geschieht in den Gefährdungen menschlichen Daseins durch die Antagonismen menschlicher Gesellschaft.

Lessing hat in seinem Entwurf »Die Erziehung des Menschengeschlechts« 1780 diese Sicht auf die Geschichte der Religionen übertragen. Alle »positiven Religionen« sind unter dem Gesichtspunkt solcher Entwicklungsstufen

anzusehen und als solche weder zu belächeln, noch ist ihnen zu zürnen. Diese Überlegung des Vorberichts bleibt unvollendet. Lessing zeichnet das Bild seiner Erziehung des Menschengeschlechts so, daß Gott wie ein vorsichtig gütiger Oberlehrer mit den Menschen verfährt. Eine schreckliche Philisterei prägt diese Überlegungen. Gott konnte nämlich trotz all seiner pädagogischen Einsichten auch nicht so, wie er wollte. Gott war und ist ja durch die Aufnahme-Fähigkeit der Menschen beschränkt. Seine Offenbarung geht ja nicht über die Köpfe der Menschen weg, sondern gibt ihnen, was sie sich auch selbst hätten sagen können (§ 4). Aber es ist auch so, daß die einzelnen Stufen auch in aller Beschränktheit so beschaffen sein mußten, daß sie die Menschheit offenhielten für spätere Einsichten (§ 26f.). Ja, es gab noch einen pädagogischen Kniff Gottes, den er an Israel im Verhältnis zu den persischen Weisheiten anwandte, da »erhellte die Vernunft (sc. der Menschen) auf einmal seine (sc. Gottes) Offenbarung« (§ 96). Der Israelit erkannte von persischen Weisheiten aus seinen Gott als den einen Gott (§ 38). So machte die Menschheit ihre Fortschritte. Dann aber kam Christus als »der erste zuverlässige, praktische Lehrer der Unsterblichkeit« (§ 58). Diese Einsicht kam zunächst wie eine Offenbarung. Aber dann allmählich wurde sie für die Vernunft zugänglich. Heute fangen wir an, so meint Lessing, auch die Unsterblichkeit des Neuen Testamentes entbehren zu können. So geht das eben. Was zunächst ungewohnt wie eine Neuigkeit zu den Menschen kommt, das wird langsam alltäglich und einsehbar (§ 72). Die Trinität ist z. B. noch nicht soweit (§ 73). Aber das wird auch noch so kommen. Dem menschlichen Geschlecht ist nur wirklich geholfen, wenn die Offenbarungs-Wahrheiten zu Vernunft-Wahrheiten werden. Insofern soll man »dergleichen Vernünfteleien über die Geheimnisse der Religion« (§ 76) nicht stoppen. Über die erreichte Stufe hinaus aber wird noch weitere Entwicklung geschehen: »die Zeit eines neuen ewigen Evangeliums« (§ 86). Da wird man dann wohl einsehen, daß jeder Mensch mehrfach auf die Welt zurückkehrt (§ 94ff.). Warum nicht?
Der spekulative Charakter dieser Erziehung legt sich über den Gedanken der Entwicklung. Diese Entwicklung legt die religiöse Menschheit zurück. Sie wird zwar von Gott angestoßen, dies und das rascher zu erfassen. Aber sie kann das alles auch aus sich selbst nehmen. Letztlich baut eines auf dem anderen auf. Der Entwicklungsbegriff verband sich aber nicht nur wie bei Lessing mit Spekulationen, sondern er verband sich mit der Vorstellung von Ursache und Wirkung. Der Positivismus machte daraus Thesen, die alles nach einer Notwendigkeit – dialektisch oder nicht – »sich« aus dem Vorigen kausalmechanisch entwickeln ließen. Diese Thetik, von Hegel spekulativ begründet und von Marx vulgarisiert, hat das Bild der Religionsgeschichte getrübt. Die Thesen von der Entwicklung sind dem religiösen Selbstbewußtsein völlig unangemessen. Man muß es dazu schon so machen wie Lessing. Lessing sagt in seinem Vorbericht, er habe sich auf einen Hügel gestellt und von da aus

sehe er nun die Landschaft und er verlange auch nicht, daß jeder die Landschaft schön fände, die ihn entzückt. Das ist ja wahr: Die Aufklärung emanzipierte sich davon, was die Gegenstände ihres vernünftigen Gehabes selbst sagen mochten. Sie entdeckte aus der Selbstgenügsamkeit der Vernunft heraus ihre Welt und diktierte, was sein muß. Nur »Objekte« sind zugänglich. An ihnen aber ist die Vernunft schon »schaffend« beteiligt.
Wenn wir diese beiden zentralen Motive ansehen, Toleranz und Entwicklung, wie sie in der Aufklärung gemeint waren, dann ist es eigentlich nicht erstaunlich, daß beide in der Religionswissenschaft keine tiefen Wirkungen hinterließen. Ihr aufklärerisches Konzept schließt sie von der angemessenen Wahrnehmung der Religionen, das heißt ja wohl jedenfalls vom Selbstbewußtsein der Religionen aus. Die Aufklärung des 18. Jahrhunderts hat in den Naturwissenschaften ja in all den Versuchen gesetzlicher Objekterfassung Eminentes vermocht. Jedoch alle die denkerischen Lebenszuwendungen, die jenseits der gesetzlichen Beschreibnisse verlaufen, haben sich nach einiger Verwirrung wieder auf sich selbst besonnen, treten freilich seit der Mitte des 20. Jahrhunderts in erneute Auseinandersetzungen mit einer erneuerten aufklärerischen Emanzipation der Vernunft von der Welt des Seins.

II. Zur Theologie der Religionen

a) Theologie der Religionsgeschichte

Über die Gedanken, die in den Dogmatiken von Althaus, Tillich und Barth gedacht wurden, hinaus ist in den letzten dreißig Jahren an der Problematik der Religionen im Verhältnis zum Christentum sehr viel geschehen. Zumal hat die rapide sich öffnende Weltnähe der einzelnen Kulturen zueinander zu einem neuen »Dialog« auch zwischen den Religionen geführt. Der Ökumenische Rat der Kirchen in Genf sucht diesen interreligiösen Dialog, und das Vaticanum II hat, wenn auch unter Kautelen, neue Türen zur Welt des Islam und anderen Religionen aufgemacht. Dabei zeigt sich gegenüber der Zeit um 1850 eine neue Situation. Der Buddhismus wie der Islam, ja eine Volksreligion wie der Hinduismus und die japanischen Neureligionen sind in dieser Zeit zu rasantem missionarischen Eifer erwacht. Diese Religionen wehren sich in weltweiten Organisationen dagegen, sich etwa missionieren zu lassen. Die Situation ist neu. Sie ist entstanden aus weitgehenden Öffnungen dieser Religionen zum Christentum. Daran hat sich ihr Selbstbewußtsein wie ihr Missionseifer neu konsolidiert. Diesen ganzen großen Bereich der praktisch durchgeführten Dialogik zwischen den Religionen klammern wir hier aus. Es kommt uns in unserer Fragestellung vielmehr darauf an zu zeigen, was an theologischer Grundlegung zur Einschätzung der außerchristlichen Religionen getan wurde oder getan werden kann. Dies ist – wie gerade die stattgehabten Dialoge zeigen – eine ganz wichtige Sache, denn man hat den Einruck, daß die christlichen Dialogteilnehmer keine Klarheit über die Fragen haben, die das Verhältnis der Religionen zum Christentum betreffen.

Wenn wir auf den theoretischen Bereich sehen, so ist ebenfalls sehr viel geschehen. Wir greifen hier nur ein Moment heraus, daß man nämlich begonnen hat, an einer Theologie der Religionen zu arbeiten. Unter dieser Devise scheint uns, sind die wesentlichen Momente der wissenschaftlichen Debatte unseres Problems zu erfassen.

Der Begriff einer »Theologie der Religionsgeschichte« stammt von Paul Althaus[133]. Er definiert diesen Begriff so: »Theologie der Religionsgeschichte heißt Vollzug des Glaubens und des in ihm liegenden Urteils über die Menschenwege in konkretem Durchdringen der Religionswelt.« Die Definition ist schwer zugänglich. Althaus meint, daß der christliche Glaube in seinem Vollzug Urteile fälle über die Religionswelt. Danach sagt er, daß der Glaube in der Religionsgeschichte vollzogen werde. Damit meint er wohl die urteilende Durchdringung der Religionen? Jedenfalls meint Althaus, die Beschäftigung mit der Religionsgeschichte mache den Glauben »seiner selbst bewußt« und »bewähre ihn in der Kritik aller menschlichen Religion«[134]. Es liegt auf der Hand, daß Althaus von hier aus auf die Mission zu sprechen kommt und meint, die Theologie der Religionsgeschichte sei gegenüber der »Missionsapologetik« ein ganz eigenes Unternehmen. Die Theologie der Religionsgeschichte erstelle »das Selbstbewußtsein der missionierenden Christenheit«. Sie sei aber eine theologische Arbeit ganz eigener Notwendigkeit.

Der Vorschlag von Althaus zu einer Theologie der Religionsgeschichte ist dann vielfach aufgenommen worden. Man wird sich zwar fragen, ob es terminologisch angemessen ist, von einer Theologie der Religionsgeschichte zu sprechen. Der Begriff Religionsgeschichte ist zweideutig. So heißt vor allem eine theologische Disziplin. Aber was sollte ein theologisches Urteil über diese Religionsgeschichte schon fruchten? Wenn man sich die Versuche ansieht, die unter diesem Thema gemacht wurden, so kommt dabei eine theologische Erwägung der durch die Religionen gestellten Frage heraus. Insofern

---

133. *Paul Althaus:* Mission und Religionsgeschichte, in: ZSTh 5 (1927), S. 586ff.

134. Diese und andere Formulierungen zeigen, daß Althaus in diesen Gedanken sich ebenfalls der Position Barths annähert.

sprechen wir, wie Horst Bürkle das tut, lieber von einer Theologie der Religionen[135]. Wenn wir zurücksehen, so hat nur Karl Barth dies bisher in der Dogmatik konsequent durchzuführen versucht. Er geht von dem aus, was Theologie seiner Meinung nach ist, und schließt von da aus konsequent auf die Religion – leider nicht auf die Religionen. Wir tun wohl gut, *drei* Entwürfe zu einer Theologie der Religionen kurz zu skizzieren, um danach einige Thesen zu einer Theologie der Religionen anzufügen.

b) Entwürfe einer Theologie der Religionen

Von den Versuchen, die Problematik der Theologie der Religionen zu erwägen, wählen wir hier möglichst verschiedenartige Entwürfe aus, damit die ganze Spannweite der Fragestellungen, die heute an dieses Lebensgebiet herangetragen werden, sichtbar wird. Wir haben uns für Wolfhart Pannenberg, Karl Rahner und Horst Bürkle entschieden und denken, dabei drei Wege vorzustellen, die jeder in sich eine wichtige Tendenz heutigen Denkens in bezug auf die Religionen zeigen.

1. Wolfhart Pannenberg[136]

Diese Erwägungen zu einer Theologie der Religionsgeschichte haben *zwei* Gedankenkreise. Der *erste* stellt sich als Idee der »Vereinheitlichung der Religionsgeschichte« (277) dar. Damit ist nicht eine Vereinheitlichung dieser wissenschaftlichen Disziplin gemeint, sondern die Möglichkeit einer »fortschreitenden religiösen Integration der Menschheit« (277). Eine Überlegung Pannenbergs zur Entwicklungsgeschichte der Religionen stützt diese Thesen. Pannenberg sieht sehr deutlich, welche Schwierigkeiten die Versuche einer evolutiven Deutung der Geschichte der Religionen in sich birgt. Einmal, meint er, verbinde sich mit der These der Entwicklung einer Religion die unbeantwortbare Frage nach ihrem Ursprung (266), und sodann sei es das jeweilige »Auftreten« der Gottheiten, das sich nicht aus Vorstufen animistischer Art erklären oder gar herleiten lasse (267). Pannenberg sieht trotzdem den Wert solchen das Ganze der Religionen umschließenden entwicklungsgeschichtlichen Denkens darin gegeben, daß die Religionen alle in weitgespannten Wechselbeziehungen zueinander stünden (268). Diese Wechselbeziehungen schaffen Synkretismen, deren geschichtliche Herleitung zu ihrem Verständnis erforderlich sei. In diesen Wechselwirkungen, meint Pannenberg, sei die »Einheit der Religionsgeschichte« als der Prozeß zu sehen, der

135. *Horst Bürkle:* Einführung in die Theologie der Religionen, Darmstadt 1977.

136. *Wolfhart Pannenberg:* Erwägungen zu einer Theologie der Religionsgeschichte, in: *ders.:* Grundfragen systematischer Theologie. Gesammelte Aufsätze, Göttingen 1967, S. 252–295.

heute noch »als Wettstreit der Religionen um die Wirklichkeit« im Gange sei. Pannenberg setzt dabei voraus, »daß Religionen es mit dem Gesamtverständnis der Wirklichkeit« zu tun hätten (270). Diese Gesamtverständnisse treten bei jeder geschichtlichen Berührung der Religionen in Konkurrenz und Wechselwirkung. Pannenberg führt als Beispiele Atum, Marduk und Mithras an, die in ihrem Bereich in dem »Wettstreit der Götter um die Wirklichkeit« (273) siegreich gewesen seien. Die wichtige Frage, ob in solchen Auseinandersetzungen eine Einheit der Religionen sich ankündige, will Pannenberg nicht behaupten (274). Aber die Religionen hätten ja doch alle einen »universalen« Charakter. In der Konkurrenz entsteht auf Grund dieses »universalen Charakters« eine »gemeinsame Geschichte« (274). Freilich von »einem globalen Prozeß religiöser Integration« lasse sich erst »im Hinblick auf die christliche Missionsgeschichte« sprechen (274). Er meint, durch die christliche Mission sei »eine allerdings spannungsvolle Einheit der religiösen Weltsituation« geschaffen. Aber das Christentum ist noch in anderer Hinsicht Anlaß zu einer »Angleichung der verschiedenen Kulturkreise«, nämlich durch das »säkulare Daseinsverständnis«, das »ein Produkt des Christentums« sei (275). Diese Prozesse – also christliche Mission und Säkularismus – weisen »über die Gegenwart hinaus auf eine andere religiöse Einheit, die in solchem Ringen Gestalt annehmen will« (275). »Der Weg zur religiösen Einheit der Menschheit« scheint Pannenberg hierin betreten (276).

Diese Überlegungen Pannenbergs zur Einheit der Menschenreligion ist in ihrem Charakter nur missionstheologisch zu verstehen. Religionsgeschichtlich ist die These von den Wechselbeziehungen der Religionen und dem Wettstreit der Gottheiten um die Wirklichkeitsbewältigung fraglos zutreffend. Nur eine Tendenz zur Einheit oder auch nur ein Weg zu einheitlicheren Komplexen läßt sich darin nicht zeigen. Im Gegenteil gliedern sich die verschiedenen Religionen im Laufe der Geschichte immer mehr auf. Die ägyptische Religionsgeschichte zeigt ebenso wie die griechische in der Frühzeit verhältnismäßig einhellige und einfache Strukturen, die sich im Laufe der Geschichte gerade durch Wechselwirkungen immer mehr verkomplizieren und sektenartig aufspalten. Religionen pflanzen sich weithin durch Teilung fort! Dies kann man z. B. am Theravada-Buddhismus ebenso zeigen wie am Lamaismus. Von der entwicklungsgeschichtlichen These bleibt nur der missionstheologische Aspekt übrig: Das Christentum bezieht mit seiner weltweiten Mission die Religionen aller Kontinente ein. Verbunden mit der Einheitszivilisation technischer Lebensbewältigung sieht das ja von außen auch tatsächlich nach Vereinheitlichung aus. Aber der Schein trügt. Einerseits muß man ganz eindeutig sagen, daß die christliche Mission die asiatischen Religionen in überraschendem Maße in ihrer Eigenart belebt und in ihrem Selbst-Willen befestigt hat. Freilich haben diese Religionen christliche Missionspraktiken übernommen. Aber wenn man in Indien um 1860 sagen konnte, daß die Blüte des indischen

Geistes auf dem Wege zum Christentum sei, muß man heute genau das Gegenteil sagen. Ja, man muß wohl noch mehr sagen. Wir stehen immer erneut vor dem Schritt, daß die Einheit des Christentums durch die asiatischen, afrikanischen und südamerikanischen Kirchentümer selbst in Frage gestellt wird[137]. Man kann schwerlich davon reden, daß die Religionen durch die christliche Mission zur Einheit einer Menschheitsreligion geführt wurden. Wo diese Mission auf Beratungsfunktionen eigenständiger Kirchentümer geschrumpft ist, die ihrerseits in eine sehr grundsätzlich gemeinte Eigenständigkeit asiatischer oder afrikanischer Selbstverständnisse drängen, da stehen die »Zeichen der Zeit« nicht auf Vereinheitlichung. Von der Idee einer Welt-Administration her – die man sowohl kirchlich von Genf oder Rom wie politisch von der UNO aus ansetzen mag – erscheint eine Vereinheitlichung der lebendigen Wirkungszusammenhänge gewiß wünschenswert. Wenn man aber die Situationen in den verschiedenen Ländern betrachtet, dann sieht man folgendes offenbar deutlich, daß sich die Religionen überall konzentrieren. Das heißt, daß sie sich auf Kernbereiche zusammenziehen, große Namen mitgeführter »Mitläufer« abstoßen und ihre Individuation als ihre Lebensmöglichkeit erfaßt haben! Es scheint von den Tatsachen aus als sehr unwahrscheinlich, daß die Geschichte der Religionen als ein Prozeß von Vereinheitlichung verläuft, wie er denn auch stets anders verlief. Das Gegenteil – eine zunehmende Differenzierung und Präzisierung der individuellen Charaktere – scheint im Zuge der tatsächlichen Geschichte wie auch in der geistigen Eigenart der Religionen als Religionen zu liegen.

Wie dem auch sei, diese Seite der Überlegungen Pannenbergs, die sehr interessante Probleme stellen, sind missionstheologisch gemeint und stellen insofern Erwägungen zu einer Theologie der Religionen dar. Der *zweite* Fragenbereich, den Pannenberg dem anschließt (277–295) geht sehr viel mehr auf das Zentrum der ganzen Frage zu, nämlich auf die Gotteserfahrung der Religionen. Pannenberg geht in dieser zweiten Überlegung davon aus, daß eine Bestreitung Feuerbachs nur aus einer anthropologischen Sicht möglich sei, und zwar müsse erwiesen werden, daß der Gottesgedanke zur Struktur des Menschen gehöre. Das heißt, daß der Gedanke Gottes »in der über alles Endliche ausgreifenden Bewegung des menschlichen Daseins so impliziert ist, daß der Mensch sich angewiesen findet auf dieses sein eigenes Dasein übersteigende Geheimnis, so daß er nur von ihm begründeterweise die Erfüllung seines Daseins erhoffen kann« (282). Die Struktur des menschlichen Daseins heißt also, daß es für den Menschen »begründeterweise« eine Angewie-

137. Die Wirkung des Raja Ram Mohan Roy machte sich bemerkbar, und das Common Prayer Book machte Schule in den hinduistischen Gottesdiensten. Diese Prozesse erwog ich in dem Aufsatz: Die Begegnung des Christentums mit den asiatischen Religionen in Europa, in: Theologische Beiträge 6 (1975), S. 45–59.

senheit auf dies sog. »Geheimnis« gibt, ohne deren Erfüllung er sein eigenes menschliches Dasein nicht leben kann. »Faktisch heißt das, daß der Mensch immer schon »im Umgang dieser Wirklichkeit« lebt (283). Diese Folgerung ist klar. Dieser Einsatz ist eine wesentlich verbesserte Auflage des früher sog. »religiösen apriori«. Der Mensch ist in seiner Angewiesenheit auf das Ganze wie in seiner Bedürftigkeit nach Sinn strukturiert. Er ist darin »angelegt« auf Gott. Die Tillichsche, d. h. idealistische Denkstruktur der Korrelation von Frage und Antwort, taucht wieder auf. In der Bedürftigkeit nach Sinn hat der Bedürftige Umgang mit diesem Sinn. Oder die Angewiesenheit auf das Geheimnis ist faktisch Umgang mit demselben. Oder man kann sagen: »In aller Erfahrung endlicher Wirklichkeit greift er zugleich in irgendeiner Form über deren Endlichkeit hinaus und ist so des unendlichen Geheimnisses gewärtig, das in ihr ›anwest‹« (283). Was Pannenberg hier als Struktur des Menschen wiedergibt, ist eben das, was wir oben bei Althaus (s. o. S. 35 ff.) als anthropologischen Kern der Uroffenbarung erkannten. Althaus hatte diese Angewiesenheit auf das Ganze oder den Sinn noch spezifiziert. Praktisch aber meint er eben diesen vorgängigen Umgang des Menschen mit dem »anwesenden« Ganzen.

Der Mensch also ist danach auf das Ganze oder eben das Geheimnis angewiesen, sonst kann er als Mensch sich nicht erfüllen. Indem der Mensch nun mit dem Ganzen »umgeht«, »muß sich dessen Wirklichkeit erweisen«. Dieser Erweis der Götter geschieht »durch ihr Widerfahrnis«. Die Götter werden dabei »als Mächte über das ganze Dasein der Menschen mit Einschluß ihrer Welt erfahren« (284). Insofern sie das Erwartete leisten, ist es gut. Leisten sie das nicht, werden sie abgetan. Die Götter sind unter diesem Leistungsdruck strittig und als solche wandelbar. Die Götter stehen immer wieder auf dem Spiel. Sie müssen sich bewähren. Wir haben das ja 1945 erlebt. Der deutsche Zusammenbruch wurde von den Kirchen als Erweis der Macht des bekämpften Christengottes dargestellt, und alles ging wieder zur Kirche. Das hielt gut siebzehn Jahre an. Dann freilich war das abgegolten. Die Generation war erschöpft. Nun fängt das wieder an: Gott muß sich bewähren. Diesen Sachverhalt benennt Pannenberg »die Geschichtlichkeit des Erscheinens der göttlichen Wirklichkeit« (285).

Es gibt also in der Geschichte dieses Umgangs mit Gott »vorläufige Erfüllungen« (285). Zwar meint Pannenberg, dies gelte freilich nicht für den mythischen – einer Vergangenheit zugewandten Bereich, sondern wohl eigentlich nur für das Neue Testament, das nach Pannenbergs Meinung ganz der Zukunft zugewandt ist. Die Religionen leben demgegenüber in einer »temporalen Verschlossenheit ... gegen die Zukunft ihrer eigenen Verwandlung« (287). Pannenberg meint, die Religionen seien alle der Urzeit zugewandt. Man ist diesem Unterschied zwischen dem Christentum und den Religionen gegenüber etwas ratlos. Gewiß sind die Religionen zwar nicht immer gleich der Urzeit, aber doch ihrem heilvollen Einst zugewandt, um sich von da aus der lebensvollen Erfüllung im »Jenseits« zuweisen zu lassen. Es ist kein Zweifel, daß die schrift- und geschichtslosen Kulturen wie die traditionsbegabten Hochkulturen diesen religiösen Weg zur heilvollen, im Vergangenen liegenden Tat oder Tatsache gehen, um darin die Zukunft des einzelnen, des Stammes wie der Welt zu gewinnen. Aber nun sollen die Religionen nur jener Vergangenheit, das Christentum aber nur der Zukunft zugewandt sein? Dies Urteil läßt sich weder religionsgeschichtlich noch theologisch bestätigen oder verifizieren.

Pannenberg sieht die Religionen (289) also so, daß a) der Mensch in der Struktur seines Daseins immer schon Umgang hat mit dem Geheimnis, welches das Ganze oder der Sinn ist; daß b) die Wirklichkeitsmächtigkeit der Geheimnisse – das sind die Götter – durch ihren Erfolg immer wieder bestätigt werden muß. Dies sind die »Erscheinungen« des göttlichen Geheimnisses. »Der Prozeß der Religionsgeschichte«, in dem die Götter sich bewähren müssen, ist damit gegeben. So werden, meint Pannenberg, die »Wandlungen der religiösen Phänomene« verständlich. Die abschließende Definition der Religionsgeschichte ist: »Geschichte des Erscheinens des in der Struktur des menschlichen Daseins vorausgesetzten göttlichen Geheimnisses ..., dessen Wirklichkeit und Eigenart aber im Prozeß dieser Geschichte selbst auf dem Spiele stehen« (290). Pannenberg charakterisiert diese Definition als einen »Einfall« (! 290), von dem er hofft, daß er der Sachlogik der religionsgeschichtlichen Phänomene näherkommt als andere Versuche. Freilich räumt Pannenberg ein, daß sich seine Perspektive nicht aus den Phänomenen ergibt. Vielmehr meint er, die Phänomene ließen sich erst von diesem »Einfall« aus entdecken (290).

Pannenberg verbindet in seiner Theorie über die Religionen also *zwei* Momente. Sie stammen aus sehr verschiedenen Zuammenhängen. Die anthropologische These von dem Menschen, der des Ganzen wie des Sinnes bedürftig ist und der insofern vorgängig auf das Ganze stetig bezogen ist, erneuert zum Teil Feuerbach und zum Teil das religiöse apriori wie zum Teil die Uroffenbarungs-Lehre. Diese Bezogenheit wird hier als Struktur interpretiert, die mit dem Menschen gegeben ist. Auch Tillichs ultimate concern steht diese Überlegung nicht fern. Zumal ist hier jene Entsprechung von Frage und Inhalt verbindend. Auf der anderen Seite stehen die Götter, die sich bewähren müssen. Hier ist wohl religionsgeschichtliches Material eingeflossen. Diese Bewährung der Wirklichkeitsmächtigkeit gibt es ja tatsächlich. Jedoch, die grundlegenden Epiphanien der Gottheiten sind im allgemeinen nicht durch Bedürftigkeiten des Menschen definiert. Die Wandlungen der religiösen Einsichten oder auch der göttlichen Geschlechter werden auch im allgemeinen nicht mit ihrem Versagen begründet. Obwohl es dieses Phänomen gibt – es spielt gerade in vulgären Formen der Heiligen- wie Götter-Verehrung eine

Rolle – fällt es einem schwer anzunehmen, diese Herausforderung der Macht Gottes sei der eigentliche Hintergrund der Religionen. Was wir aus dem vedischen oder homerischen Pantheon wissen, sieht gar nicht so aus. Was uns aus der altägyptischen Religion bekannt ist, kennzeichnet die Götter und den Grund ihrer Verehrung völlig anders. Was der Lamaismus von seinen großen Gottheiten zu sagen weiß, hat mit solchen utilitaristischen Erwägungen nichts zu tun. Es gibt zwar solche Herausforderungen der Gottheiten, aber dieselben konstituieren nicht die Erscheinung der Gottheit selbst.
Wenn wir auf die Erwägung Pannenbergs zu einer Theologie der Religionsgeschichte zurücksehen, so hatten wir den ersten Teil, der eine einheitliche Weltreligion ins Auge faßt, nur als missionstheologische Erwägung werten können. Der zweite Teil hat mit Theologie nur sehr bedingt etwas zu tun. Pannenberg merkt das natürlich selbst und meint, diese Überlegungen seien insofern theologisch, als sie sich mit der Wirklichkeit der Götter befaßten (290). Theologie ist von Pannenberg auch sonst in diesem sehr direkten Sinne interpretiert[138]. Man sieht an diesen Erwägungen, was damit alles theologisch genannt werden kann. Etwas weiter sagt Pannenberg auch ganz dezidiert, daß »der charakteristische Beitrag christlicher Theologie zur Religionswissenschaft nicht in irgendeiner dogmatischen Deutung von einem christlichen Standort aus bestehen« dürfe (294). Dazu werden wir unten im Zusammenhang unserer Thesen (C. III.) noch einige Überlegungen anzustellen haben. Jedenfalls ist das Theologische in diesen Erwägungen nur in Rudimenten da. Die Frage, wie denn das Ergebnis dieser Erwägung in bezug auf das Problem des Verhältnisses des Christentums zu den anderen Religionen sei, ist nicht ganz leicht zu sagen. Einmal meint Pannenberg offenbar, daß das Christentum zusammen mit der säkularen Zivilisation für eine Einigung der Religionen wirkt. Zweitens sind die Unterschiede offenbar nicht groß. Das Christentum, meint Pannenberg, sei ganz der Zukunft zugewandt, die Religionen nicht. Aber an sich soll seine Vorstellung von den Religionen wohl voll auf das Christentum anwendbar sein. Wenn man sich die Thesen Pannenbergs überlegt, so findet man im Vulgär-Katholizismus vielleicht die besten Beispiele für seine Theorie der Göttererscheinungen. Eine direkte Schlußfolgerung hat Pannenberg in bezug auf diese Frage nicht gezogen.

2. Karl Rahner[139]

Wir erwägen an dieser Stelle die Position Karl Rahners, weil er die These von

138. Vgl. das 5. Kpt. des Buches: Wissenschaftstheorie und Theologie (Frankfurt 1973) mit dem Titel: »Theologie als Wissenschaft von Gott«.
139. Wir beziehen uns hier auf einen Vortrag Rahners, den er 1975 in der Nähe von Wien hielt und der in einem Sammelband dieser Tagung mit dem Titel »Universales Christentum angesichts einer pluralen Welt« von *Andreas Bsteh* herausgegeben ist (Verlag St. Gabriel, Mödling 1976, S. 57–85).

der Universalität des Heils besonders bewußt vertritt. Diese These umschließt die außerchristlichen Religionen. In dieser These kommt viel von dem spezifischen Unterschied evangelischen und katholischen Denkens in dieser Frage zum Tragen. Der Vortrag, den Rahner 1975 hielt, hieß: »Der eine Jesus Christus und die Universalität des Heils«. Damit ist die entscheidende Frage gestellt.

»Der theologische Sinn des Satzes« des Titels soll sein, »die grundsätzliche Heilsmöglichkeit für alle Menschen« zu erwägen (58). Dabei will Rahner unter dem Heil etwas »streng Übernatürliches« verstehen, nämlich »die in Gnade gegebene Unmittelbarkeit zu Gott als er selbst« (59). Für alle Menschen, das ist die These, soll das Heil als diese Unmittelbarkeit zu Gott möglich sein. Gemeint aber sind wirklich alle Menschen von Schöpfung der Welt an, soweit sie über sich selbst verfügen können (59). Der Satz von der Möglichkeit des Heils für alle Menschen wird von Rahner als Glaubenssatz verstanden, auf Grund des II. Vaticanums (60f.). Da Gott »in einem letzten Sinn überall gleich nahe« (62) ist und da »der Geist Gottes ... die ganze Weltgeschichte ihrer Länge und Breite nach als die Entelechie« (62) durchwaltet, so muß man die Behauptung, »alles Heil komme von Jesus Christus« (63) ernsthaft befragen. Das Problem ist, daß dieser Jesus Christus als einzelnes Ereignis in Raum und Zeit fundamentale Bedeutung für das Heil aller haben soll (65). Bei Jesus als Einzelereignis muß man auch bleiben und nicht zu früh zu einem kosmischen Christus als Grundlage des Heils aller vordringen (64).

Man muß, meint Rahner, die christliche Lehre von der Erlösung als »Lehre einer wahren Selbsterlösung« (65) verstehen. Diese wahre Selbsterlösung geht aus der Freiheit des Menschen zu Gott hervor. Diese Freiheit aber ist »Gnade des gnädigen Gottes«. Der Mensch empfängt sein Heil nicht nur passiv, sondern vollzieht es »ganz und nicht nur teilweise in seiner Freiheit« (66). Die Gnade Gottes ist diese »von Gott frei und ungedeutet konstituierte, innerste Eigentümlichkeit der Freiheit des Menschen selbst« (66). Das Kreuz Christi ist eine Ursächlichkeit, die sich »auf die Bedingungen der Möglichkeit solcher Selbsterlösung« (66) bezieht. Gott ist nicht durch das Kreuz umgestimmt, sondern das Kreuz folgt dem Heilswillen Gottes (66). Von hier aus ist Jesu soteriologische Bedeutung für alle Menschen zu erörtern. Von einer reinen Inkarnationschristologie wäre das nicht schwer. Wir setzen die Einsicht in die »Einheit der Menschheit« – nicht nur materiell biologisch, sondern in der freien Wirklichkeit der Menschheit und ihrer Geschichte liegend – voraus. Unter der Voraussetzung dieser Einheit wäre die Tatsache der Inkarnation, d. h. daß der Logos sich in diese Einheit inkarniert, Mitteilung des endgültigen Heils an die ganze Menschheit, »weil sonst die Einheit der menschlichen Geschichte aufgehoben wäre« (70). Aber so wichtig das auch ist, das soteriologische Grundereignis soll ja das Kreuz sein – die Folge des Heilswillens Gottes. Die Antwort auf die Frage, wie das Kreuz soteriologische Bedeutung für alle Menschen haben könne, gibt Rahner hier so: »Das Kreuz (samt der Auferstehung Jesu) hat insofern eine ursakramentliche Ursächlichkeit für das Heil aller Menschen, als es dieses Heil durch die in der Welt überall wirkende Heilsgnade vermittelt; es ist Zeichen dieser Heilsgnade und ihrer siegreichen Irreversibilität in der Welt« (71). Diese Antwort ist ebenso hoch spekulativ wie die Antwort, die Rahner anhand der Inkarnation durch diese These von der absoluten Einheit der Menschheit gab.

Für die Erklärung dieser These geht Rahner (72) von dem sakramentstheologischen Satz aus: Sacramenta causant gratiam, quia et prout significant gratiam! Insofern die Sakramente die Gnade zeichenhaft repräsentieren, verursachen sie dieselbe. Dieser Satz negiert nicht die Tatsache, daß das Zeichen des Sakramentes von der Gnade verursacht wird. Vielmehr müssen Gnade und Sakrament als Gnadenzeichen ganz eng verbunden beschrieben werden. Sie bedingen sich, sich verursachend in einem. In diesem Horizont ist das Verhältnis von Kreuz und Menschheit zu bedenken. Gottes Heilswille umfaßt alles, und jeder einzelne ist als Moment im Heilsvollzug »gewollt« (73). Das ist die »heilsgeschichtliche Solidarität«, im Zusammenhang derer »die Ambivalenz göttlicher und menschlicher Freiheit ... schon vor dem universalen Ende der ganzen Geschichte ein für allemal entschieden wird« (73). Das ist eine »Denkmöglichkeit« (73). Rahner folgt ihr und konkludiert weiter: Das Kreuz zeigt und verursacht die göttliche Selbstzusage als irreversibel, so gewiß es »Realsymbol für das Heil der ganzen Welt« (74) ist. In diesem Realsymbol sind Zeichen und Bezeichnetes eines! (75). Dabei ist das Kreuz nicht etwa Ursache für unsere Erkenntnis des Heils, sondern für das Heil selbst (75). Das ist von großer Bedeutung. Mit Hilfe der »Denkmöglichkeit« des »Realsymbols« im Sinne des Ursakraments kann die Verursachung des »Heils aller« im Kreuz »dargestellt« werden.

So kann man also den Zusammenhang denken, der zwischen Jesu Kreuz und dem Heil aller Menschen notwendig besteht. Auch wo eine Menschheit von Jesu Wort nicht erreicht ist, muß das Heil ihr in Christi Kreuz gewiß sein (76). Aber man muß nach Rahner auch sagen, »daß alle Menschen, die zum Heil kommen, in ihrem Heilsglauben eine Beziehung zu Jesus Christus haben müssen« (77). Sie müssen eine solche Beziehung haben, das II. Vaticanum hat dies so gesagt! Für alle Menschen besteht die »Notwendigkeit eines übernatürlichen Offenbarungsglaubens (77). Demgegenüber ist auch mit dem Postulat von Uroffenbarungen nichts zu machen (78). Es geht vielmehr um das »anonyme Christentum«. Das »anonyme Christentum« ergibt sich aus zwei Gegebenheiten: Erstens ist den Nichtchristen die Möglichkeit eines übernatürlichen Heils zuzugestehen. Zweitens kann dies Heil nicht an Gott und Christus vorbei erreicht werden (78). Diese beiden Gegebenheiten sind zwingend für den Schluß des »anonymen Christentums«. Für die Einschätzung dessen, was hier gemeint ist, ist wichtig, was Rahner von seinem Gespräch mit Nishitani berichtet. Nishitani, das Haupt der zenbuddhistischen Kyoto-Schule, fragt Rahner, was er sagen würde, wenn er, Nishitani, ihn, Rahner, als »anonymen Zen-Buddhisten« ansprechen würde. Rahner meint, das müsse Nishitani von seinem Standpunkt aus sogar tun! (79). Es ist nämlich gemeint, daß Christentum und Zen-Buddhismus »auf der Ebene identisch ist, die von solchen Aussagen eigentlich und unmittelbar angezielt wird« (80). Rahner meint, »daß der Heide im Polytheismus, der Atheist bonae fidei, der Theist außerhalb der alt- und neutestamentlichen Offenbarung ... eine wirkliche Beziehung zu Jesus Christus und seiner Heilstat besitzen« (80). Hierin ist der Atheist bonae fidei das Problem. Man kann ja vielleicht zwischen den Religionen jenen Identitätspunkt suchen und finden. Aber Rahner bezieht diesen Atheisten mit ein.

Wie dies Ganze vorgestellt werden kann, beantwortet Rahner mit der »suchenden Christologie«. Diese muß als einerseits allen Menschen bonae fidei immer gegeben und andererseits als ausreichend betrachtet« werden (81). Diese kühnen Thesen löst Rahner mit der Denkfigur, daß der Suchende das Gesuchte hat, womit wir auch Pannenberg und Tillich arbeiten sahen. Rahner betont dabei die »existentielle Verbundenheit« von Suchendem und Gesuchtem. Da dieses spezielle Suchen von der Gnade getragen wird – wohl weil Jesu Erlösungswerk Gnade ist – so bewegen sich diese anonymen Christen »gewissermaßen im Ziel auf das Ziel hin« (81). Die Beziehung auf Jesus ist ja auch so zu verstehen: Die suchende Christologie weiß nicht, daß der Gesuchte Jesus von Nazareth heißt, weil zweitens sie aber bereit ist, den Gesuchten anzuerkennen, »wo immer er und wie immer er sich finden läßt« (82) und weil drittens nur Jesus das zu bieten hat, was da gesucht wird, darum hat die suchende Christologie eine Beziehung zu Jesus.

Die suchende Christologie ist eschatologisch hoffend auf Jesus Christus bezogen (82). Diese Bezogenheit steckt »in jedem guten und von der göttlichen Gnade radikalisierten Daseinsvollzug« (82). Das ist der Sachverhalt des anonymen Christentums. Die Bezeichnung des »guten« und des »von der göttlichen Gnade radikalisierten« Daseinsvollzuges ist freilich ungemein nichtssagend. Aber Rahner erläutert dies durch drei sog. Appelle: 1. der Anruf zur absoluten Nächstenliebe nach Mt 25 (82). Dazu braucht wohl nichts gesagt zu werden. 2. Der »Anruf zur Bereitschaft zum Tode« (83). Damit meint Rahner die »freie bereite Annahme radikaler Ohnmacht« angesichts des Todes im Leben. Die »Dialektik von Tat und ohnmächtigem Leiden« (84) wird versöhnt. 3. Der »Appell an die Hoffnung der Zukunft« (84). In dieser Hoffnung wird der Abstand zwischen dem, was einer ist und was er sein soll, verringert. Die Geschichte bewegt sich aber schon in ihrem Ziel, wo die Hoffnung stark wird.

Diese Konzeption Rahners ist im Zielpunkt eine Erneuerung der alten These, daß die Religionen so zum Christentum stünden wie das Alte zum Neuen Testament. Dazu kommt der spekulativ ausgeformte Gedanke von der Allwirksamkeit der Gnade jenseits aller historischen Vermittlungen. Auf diesen Spekulationen liegt sogar das Hauptinteresse Rahners[140]. Die Gnade wird von Rahner als »habituelles Existential« beschrieben[141]. Und das ist »nichts anderes als die Wirklichkeit des allgemeinen Heilswillens Gottes«. Die Religionen können daher von Rahner als »Antizipation des absoluten Heilbringers« bezeichnet werden, insofern der Mensch in der ihm eigenen Transzendentalität stets auf Gott als Geheimnis verwiesen ist[142]. Die innere Zusammengehörigkeit von Gott, der seit einiger Zeit besonders gerne als Geheimnis[143] charakterisiert wird, und Mensch in seiner Transzendentalität bzw. seiner Angewiesenheit auf das Sinnganze bilden die Grundlage dieses theologischen Grundkonzepts. Von hier aus kann auf dem Wege einer Antizipation alles im Menschen angenommen werden, was das Neue Testament bietet. Die Geschmeidigkeit dieser spekulativen Gedankengänge ist ungemein groß. Zu bemerken ist eine Pannenberg und Rahner verbindende Tendenz, die die Einheit der Kirche wie der Religionen wie der Menschheit als zentrales Ziel der Überlegungen hat. Früher war der einzelne das Ziel der Erwägungen, und das Ganze war wie die Einheit in der Voraussetzung. Heute denkt man auf Einheit hin.

3. Horst Bürkle[144]

Wir wenden uns drittens dem Entwurf einer Theologie der Religionen zu, wie Horst Bürkle ihn vorgelegt hat. Diese Arbeit trägt einen ganz anderen Charakter als die beiden bisher erörterten. In diesem Entwurf geht es wirklich um die Religionen. Darin liegt das Positive dieses Buches. Man kann von einer Theologie der Religionen, das ist die Einsicht dieses Buches, nur reden, indem man von den Religionen redet und sich als christliche Theologie durch diese Religionen herausfordern läßt, wie man sie von der christlichen Theologie aus herausfordern muß. Freilich muß man sich in so einem Entwurf von 180 Seiten beschränken. Bürkle führt den Hinduismus, den Buddhismus und die Stammesreligionen Afrikas vor. Auch das kann nur ausschnittweise geschehen. Aber er bleibt bei den Religionen selbst und damit bei theologischen Konkre-

---

140. Auch in dem Aufsatz »Über die Heilsbedeutung der nichtchristlichen Religionen«, in: Schriften zur Theologie, Bd. XIII, Zürich 1978, S. 348, ist dieser Gedanke ausschlaggebend.

141. Bd. XIII, S. 235f.

142. Grundkurs des Glaubens. Einführung in den Begriff des Christentums, 9. Aufl., Freiburg 1977, S. 311.

143. *H. Bürkle* (Einführung in die Theologie der Religionen, Darmstadt 1977, S. 17) meint, dieser Geheimnischarakter, der in der Geschichte der Religionen angesprochen werde, erinnere daran, was W. Freytag als »das Geheimnis des Kreuzes unter den Völkern« bezeichnet habe.

144. *Horst Bürkle:* Einführung in die Theologie der Religionen, Darmstadt 1977.

tionen. Weil Bürkle die Religionen selbst reden läßt, kommt die christliche Theologie zu Worte und zwar in höchst konkreten Belangen ihrer Christologie oder ihres Verhältnisses zur politischen Theologie. Dieser Entwurf besteht aus *drei* Teilen. Ein erster Teil resümiert einige evangelische und katholische Entwürfe zur Sache und zieht die Aufgabenstellung daraus, mit den außerchristlichen Religionen das theologische Gespräch zu führen (1–36). Danach führt er Paradigmen des theologischen Gespräches mit den drei genannten Religionsgruppen vor (36–122). Und drittens in einem Epilog greift er als Kernproblem das Universale heraus, das als Anspruch von allen Religionen heute erhoben wird.
Wir haben Horst Bürkle als Beispiel für die neueren Formen einer Theologie der Religionen gewählt, weil er bei den Religionen bleibt, weil seine theologischen Erörterungen nicht ins Leere gehen und nicht herumspekulieren, sondern weil die drängenden Fragen heraustreten. Freilich, man kann nun durchaus fragen, ob der Buddhismus heute nicht noch ganz andere Fragen stellt, als sie hier angeschnitten sind. Aber auch diese Debatte wird fruchtbar, d. h. auf dem Boden der Tatsachen bleiben. Darauf aber kommt alles an. Ich habe diesen Beitrag aber auch darum gewählt, weil er im dritten Teil ein Problem sichtbar macht, das fast stets übergangen wird. Wir leben nämlich in einer Zeit, in der von Seiten der außerchristlichen Religionen Anforderungen und Thesen auf uns zukommen, die aus dem Christentum auf diese Religionen übergingen, die nicht aus ihnen selbst stammen, mit denen die Religionen heute aber gegen das Christentum antreten. Was in diesem Buch über den Dialog der Religionen erscheint, ist wirklichkeitsnah gesehen. Dieser Dialog ist notwendig, aber wenn er ehrlich geführt wird, ist er heute sehr hart. Oder er verläuft im spiritualen Obergeschoß. Das fruchtet aber nichts. Er ist heute sehr hart, denn die asiatischen Religionen sind missionarisch neu erwacht – vom Islam gar nicht zu reden. Das Christentum aber ist religiös weithin in der Defensive.
Wir brauchen Bürkles Entwurf im einzelnen nicht zu folgen. Der Eindruck dieser Theologie der Religionen ist hinreichend gegeben, wenn wir uns einiges über die Art, wie der Buddhismus verhandelt wird, und sodann die Positionen des dritten Teiles vergegenwärtigen.
Der Buddhismus ist in diesem Entwurf sowohl an Materialien des Erleuchteten, der großen Redensammlungen wie an Materialien des modernen Buddhismus dargestellt. In so einem Überblick wird man beides zur Geltung bringen wollen. Aber man muß die grundsätzlichen Schwierigkeiten im Auge behalten, die mit solcher Doppel-Sicht gegeben sind. In einem ersten Teil (64–70) wird an Hand der Gestalt des Erleuchteten und seiner dogmatischen Einordnung in die früheren Buddha-Gestalten und der geschichtlichen Kontingenz Jesu das Problem von geschichtlichem Ereignis und Weltwiederkehr erörtert. Dies ist ja fraglos eine der entscheidenden theologischen Fragen, die

zwischen dem Buddhismus und dem Christentum stehen. Dabei wird man gegenwärtig die religiöse Kraft der indischen Vorstellung gegenüber der christlichen Verlegenheit vor dem historischen Jesus noch stärker betonen können. In einem zweiten Teil (70–79) wird ein ungemein wichtiges Problem besprochen, nämlich die Nachfolge. Das sind Fragen der sittlichen Zucht bis hin zum Ziel des Heilsweges und den damit gegebenen Fragen der religiösen Person – Gottes wie des Menschen. In diesem Zusammenhang wird besonders deutlich, wie angefochten heute das christliche Dasein durch die asiatischen Religionen ist. Ein dritter Teil (79–83) bespricht die Art, wie die Lehre des Erleuchteten heute ausgelegt wird. Dabei ist besonders wichtig, daß vom Buddhismus aus das Postulat der Einheit in den Vordergrund geschoben wird. Die Einheit der Lehre über alle Theorie-Schranken hinweg soll das Wesentliche sein. Diese Einheit ist auch Grund für die volle Zuwendung zum Leben und seinen Nöten. Der Buddhismus wird als »die konfliktfreie Religion« vorgestellt mit dem Ziel, eine psychische Vereinheitlichung der modernen Menschen hervorzurufen. Es wäre interessant, die Theoriefreiheit des Buddhismus mit dem theologischen Bewußtsein des Christentums ins Gespräch zu bringen. Ein vierter Teil (84–88) erörtert das Problem der Absolutheitsforderung des Buddhismus und der Chancen für Toleranz, die im buddhistischen Lager mehr als stoische Unerschütterlichkeit denn als lebendige Zuwendung verstanden wird. Ein letzter Teil (88–92) stellt die anthropozentrische Haltung des Buddhismus und die Versuche, dies auf christlicher Seite nachzumachen, zur Debatte. Hier werden Grundintentionen theologischen Verständnisses herausgefordert. Die fünf Teile zeigen, wie Bürkle sich den Dialog in einer Theologie der Religionen vorstellt. Besonders zu begrüßen ist es, daß er der Versuchung, die von Paul Tillich ausgeht, zunächst eine Typisierung zu machen und danach ein Gespräch zu führen, widersteht. Die Unlebendigkeit einer Typenbildung erlaubt keine so ungezwungene Lebendigkeit der Auseinandersetzung. Andererseits ist es eine nicht beantwortete Methodenfrage, wie Bürkle sich die Themenzuordnung in solch einer Auseinandersetzung eigentlich vorstellt. Vielerlei äußerlich Zusammengehöriges und Vergleichbares hat ja bei näherem Zusehen einen sehr verschiedenen Stellenwert. Das führt dann leider zu Fehlschlüssen. Dieses Methoden-Problem ist, soweit wir sehen, in diesem Entwurf nicht erörtert. Aber unser kurzer Bericht wird zugleich klargemacht haben, wie wichtig so eine theologische Einzelauseinandersetzung tatsächlich ist.

In dem erwähnten Epilog äußert Bürkle sich noch zu einzelnen Problemen. Zunächst geht es (123f.) um die Frage der »Absolutheit des Christentums«. Bürkle macht völlig richtig geltend, daß dieser Begriff ganz neu interpretiert werden muß, da die geschichtliche Bedingtheit des Christentums die Behauptung seiner Absolutheit in aller Form unmöglich macht. Es geht vielmehr um die Frage nach der »universalen Gestalt des Christentums«. Diese Frage aber schließt eine echte Toleranz den anderen Religionen gegenüber ein. Es gibt geschichtlich eine Fülle von »Grenzüberschreitungen« (125), die den »Gestaltenreichtum« des Christentums zeigen und die Universalität als Ziel sinnvoll machen. Zumal muß man den Gedanken mit aufheben, daß die Religionen in bestimmter Weise alle Vorbereitung des Christentums sind, wie es in speziellem Sinne das Alte Testament ist (126). Dieser Gedanke kehrt also auch hier wieder.

Dieses ganze Gespräch wird sodann nochmals »Neuen Orientierungen« (127f.) zugeführt. Darin geht es um die Veränderung der Religionen durch den »latenten Wirkungszusammenhang« mit dem Christentum. Hiermit ist ein besonders wichtiger Gedankenkreis angefaßt. Bürkle demonstriert an dem Werk Raja Ram Mohan Roys wie an der batakschen ȧdat, welche Probleme durch diese Verflechtungen entstehen. Gerade auch im Bereich der afrikanischen Stammesreligionen sind die Ergebnisse solcher Wirkungszusammenhänge oft besonders schlimm zu bemerken. Der Universalismus des Christentums kann dort nur zu ideologischen Übersteigerungen führen, weil äußere Voraussetzungen für ihre angemessene Rezeption fehlen. Aber es ist heute so, daß der christliche Universalitäts-Anspruch auf entsprechende Vorstellungen in anderen Religionen stößt. Darin ist gerade der ceylonesische Buddhismus groß: Der Buddhismus ist die Religion des aufgeklärten modernen Menschen! So hatte Ramakrishnans Schüler Vivekananda bereits den Hinduismus auf der Chicagoer Weltausstellung 1891 angepriesen. Die asiatischen Religionen vertreten heute alle den Anspruch der Universalität. Sie verbinden diese Einsicht in die universale Weltgeltung ihrer Religion mit der Rede von der »einen« Weltreligion, die herzustellen Sache unserer Zeit ist. Die »eine« Weltreligion, so propagiert Sarvepalli Radhakrishnan, kann natürlich nur vom Hinduismus gemacht werden, da nur der Hinduismus alle religiösen Elemente aller Religionen vereinigen kann.

Mit den Überlegungen zu dieser religiösen Weltlage schließt Bürkle seine Darlegungen, die er in den missionarischen Charakter des Christentums auslaufen läßt. Dieser missionarische Charakter meint, daß die genannte Universalität die Religionen »letztlich« aufeinanderzuführt.

III. Thesen zur Theologie der Religionen

a) Einleitung

Die *drei* Beispiele für eine Theologie der Religionen zeigen, wie verschiedenartig die Aspekte dieser Frage gesetzt werden können. Zunächst Karl Rahner: In seinen Beiträgen zur Theologie der Religionen schöpft er aus den spekulativen Möglichkeiten denkerischer Weiterführung christlicher Grundaxiome ein hochabstraktes Gerüst für die Einsicht in Hintergrundsbereiche des Verhältnisses der Religionen zueinander. Von den Religionen ist hier ebenso wenig die Rede wie von dem Christentum, das wir heute leben. Daher fördern diese hoch spekulativen Versuche Rahners, mit den hintergründigen »Versatzstücken« wie »Zeichenkausalität« und »Ursakrament« zu arbeiten, in bezug auf den Dialog der Religionen mit dem Christentum sehr wenig. Sie führen nur zu der oft begründeten These von den Religionen, die alle wie das Alte Testament auf die Wahrheit des Evangeliums warten. Dieses Evangelium aber ist ihnen vorgängig schon präsent. Diesen Versuchen steht die Theologie der Religionen von Bürkle gegenüber, der an den Problemen arbeitet, die die Religionen selbst stellen. Hier kommen die Fragen heraus, um die es heute im Gespräch mit den Religionen geht. Dies Gespräch aber ist ja nicht nur für die Missionstheologie interessant. Das Christentum selbst, und das heißt auch sein theologisches Selbstverständnis, steht hierin auf dem Spiel und wird zu tiefer Selbstbesinnung geführt. Die christliche Theologie und die religiösen Thesen der außerchristlichen Religionen werden direkt ins Gespräch gebracht. Dieser Weg führt nicht nur zu einem Verständnis der außerchristlichen Religionen, sondern zugleich zu einem besseren Selbstverständnis des christlichen Glaubens. Die Ergebnisse freilich sind unscharf, da die grundsätzlichen Erwägungen zu wenig von der »Material«-Diskussion aufnehmen. Dies aber liegt in der Kürze des Entwurfes und nicht in der Methode. Drittens stehen die Erwägungen Pannenbergs da, die wohl in die Mitte zwischen Rahner und Bürkle gehören. Sie sind nicht frei von spekulativen Ansätzen und zeigen zugleich das Bestreben, wirklich von den Religionen zu reden. Die Ebene dieser Erwägungen ist dabei stets über das religionsgeschichtliche Material hinausgehoben, das zwar auf Schritt und Tritt spürbar, aber doch nur illustrativ, sichtbar wird. Die Methodik dieser Erwägungen ist doppelt – einerseits missionstheologisch auf das Konstrukt einer Einheit der Religionen bedacht, andererseits theologisch, insofern von Gott die Rede ist. Die Ergebnisse dieser Erwägungen sind ebenso präzise wie weitreichend.

Diese drei Versuche haben alle drei ihre Berechtigung. Sie haben alle drei nicht nur verschiedene Methoden, sondern wohl auch verschiedene Ziele. Sie

verstehen sich selbst im Verhältnis zu der Frage, die die außerchristlichen Religionen stellen, verschieden. Rahner möchte streng theologisch konklusiv die Gründe der Möglichkeit klären, daß das Heil des Christentums mit der außerchristlichen Menschheit etwas zu »tun« haben kann. Daß ein Grund für diese Möglichkeit dasein muß, ist in der Tatsache gegeben, daß des Christengottes Heil alle Menschen erreichen soll oder will. Spekulative Konklusionen aus bestimmten theologischen Grundsachverhalten erlauben es, diese Gründe ideogrammatisch zu bezeichnen. Die christliche Theologie klärt also in sich selbst die Frage ab, wieso es in abstracto einleuchtend zu machen ist, daß die außerchristlichen Religionen das Heil vermitteln.
Horst Bürkle will mit seiner Theologie der Religionen etwas ganz anderes. Er will das notwendige Gespräch zwischen den Religionen und dem Christentum theologisch wie religionsgeschichtlich fundieren! Dabei ist es Bürkle um eine möglichst angemessene genaue oder getreue Erfassung dessen, was die Religionen und was die christliche Theologie sagen, zu tun. Wir haben es auf beiden Seiten, den Religionen wie dem Christentum, mit der Erhebung von Tatsächlichkeiten zu tun! Die Religion als solche gibt es ja auch nicht, und die Rede von der Religion führt zu ideologischen Verkürzungen und Entstellungen. Ohne die große Mühe zu erfassen, was denn nun die Religionen in Wirklichkeit meinen, ist alles Gerede auch von der christlichen Theologie fruchtlos. Die christliche Theologie wird in dem so geführten theologischen Gespräch nur schwer zu griffigen Formulierungen von Ja oder Nein und von Schlußfolgerungen kommen. Aber sie kann ihren konkreten Platz in der Gegenwart einhellig bestimmen, und das ist von unerläßlicher Bedeutung.
Wolfhart Pannenberg steht mit dem Ziel seiner Erwägungen anders da. Da es sich in diesem Aufsatz um zwei sehr verschieden gerichtete Erwägungen handelt, müssen wir auch die Zielangabe zunächst doppelt bestimmen. Einmal dient diese Erwägung einer geschichtlichen Perspektive auf die Religionen, da es um die Einheit der Religionen geht. Dies Problem ist im äußeren Erscheinungsbild gegenwärtiger Zivilisationsausweitung angelegt. Christentum und säkulares Denken reichen sich die Hand zur einen Menschheitsreligion. Diese Erwägung ist missionstheologisch gedacht. Sodann aber geht es um die Gottheiten der Religionen und damit um Theologie. Theologie versteht Pannenberg als Rede von Gott. Er macht dazu auch noch deutlich, daß eine Theologie der Religionsgeschichte nicht von christlichen Standpunkten aus urteilen müsse, sondern sie könne »einer unvoreingenommenen Aufgeschlossenheit« Raum schaffen (294f.). Hinter diesen Thesen steht wohl das alte Wissenschaftsideal von der Unvoreingenommenheit. Jedenfalls ist alles theologisch, was das göttliche Geheimnis respektiert und behandelt. Diese Erwägung über die Wirklichkeitsmächtigkeit der Götter und ihre Strittigkeit gelangt zu dem Postulat von Gott als Geheimnis. Dabei spielt für Pannenberg die »reine Zukünftigkeit« Gottes eine wichtige Rolle. Diese reine Zukünftig-

keit macht die Rede vom Geheimnis unausweichlich. Aber man braucht mit diesen Eigenarten der christlichen Offenbarung nicht zu arbeiten. Auch »religionsgeschichtliche Forschung« kommt zu Gott als Geheimnis (293), denn »das Ganze« als Gott übersteigt jedenfalls das menschliche Vermögen. Die Konvergenz der Religionen mit dem Christentum wie zugleich die Eigenart christlicher Zukunftsangewiesenheit lassen sich von dieser Erwägung aus erfassen. Theologie heißt hier rein formal »von Gott reden«. Diese Formalität ermöglicht, einen Standpunkt einzunehmen, der jenseits von Christentum und Religionen liegt und der es erlaubt, beides gleichsam von außen, jedenfalls »unvoreingenommen«, zu betrachten.

Wir vermerkten oben (C. II. a), daß die sog. »Theologie der Religionsgeschichte« von Paul Althaus stammt. Wir haben uns da auch kurz zu diesem Titel geäußert und gemeint, lieber von einer Theologie der Religionen sprechen zu wollen. Jene Debatte, in die Althaus damals eintrat und die Joachim Wach dann aufnahm[145], hatte den erbitterten Kampf um den Vorstoß der religionsgeschichtlichen Schule zum Hintergrund. Das religionsgeschichtliche Denken strebte danach, das dogmatische Denken zu ersetzen. Das war 1927/28 – für Wach z. B. auch schon ausgestanden, und das ist heute nur eine ferne Erinnerung, die freilich sehr rasch akut werden könnte, wie die Debatte um die theologischen Fakultäten in Schweden zeigte. Joachim Wach meinte Althaus gegenüber, daß sein Vorschlag einer »Theologie der Religionsgeschichte« eine »innertheologische Angelegenheit« (491) sei, die einen eigenen theologischen Verstehens-Begriff auf die Religionen anwenden wolle, der mit dem Verstehen, auf das es der Religionswissenschaft ankomme, gar nichts zu tun habe. Althaus wolle missionstheologisch die Religionen »beurteilen« und werten, aber nicht verstehen (492), sagt Wach. Auch wenn Althaus von einer »existentiellen Haltung den fremden Religionen gegenüber« rede, so sei das wenig angemessen und nicht »unbedenklich« (493). In dieser Debatte tritt das zentrale Problem hervor. Man kann nicht verkennen, daß die Dogmatik nach wie vor eine große Entfernung zum religionsgeschichtlichen Denken einnimmt. Freilich wird in den Prolegomena von den Religionen gehandelt. Das ist im allgemeinen auch durchaus gründlich und sachgemäß durchgeführt[146]. Aber es geht ja wohl letztlich um etwas anderes.

Wenn wir die Theologie der Religionen von Bürkle ansehen, so bemerken wir, wie das Christentum nicht nur als Religion überhaupt von den Religionen in Frage gestellt und herausgefordert wird. Vielmehr wird deutlich, daß jeder christologische oder schöpfungstheologische Entwurf im speziellsten von den Religionen her gedeutet und interpretiert, aber auch angefochten und

---

145. »Und die Religionsgeschichte«, in: ZSth 6 (1928), S. 484–497.

146. Vgl. jetzt *Gerhard Ebeling:* Dogmatik des christlichen Glaubens, Bd. I, Tübingen 1979, S. 111–139. Auf diesen Seiten entfaltet Ebeling eine Theologie der Religionen.

bestritten wird. Es gibt kein innertheologisches Selbstgespräch mehr, das sich nicht auf Schritt und Tritt vor den Religionen zu verantworten hätte. Das gilt nicht nur im dogmatischen, sondern auch im ethischen Bereich – und hier vielleicht vor allem. Darum meine ich, zu jedem dogmatischen und ethischen Gedankengang gehöre eine religionsgeschichtliche Problematisierung der Frage[147]. Dazu zwingt uns als Christen die neue Tatsächlichkeit, daß unser theologisches Gespräch auch in Westeuropa nicht mehr ohne die Öffentlichkeit der vielen Religionen geführt werden kann, die hier präsent sind.

Das Problem, auf das wir mit der Debatte zwischen Althaus und Wach anhand der Theologie der Religionsgeschichte stoßen, ist nach wie vor ungelöst. Nach wie vor kann man Theologie studieren und theologische Examina bestehen unter Ausschluß der Weltöffentlichkeit der Religionen. Das ist ein tiefer Schaden. Das Gespräch des Christentums mit den Religionen wird nur von Profis geführt. Auf der Ebene gelebten Glaubens ist davon keine Rede.

Aber die drei Beispiele einer Theologie der Religionen werfen auch andere Fragen auf. Reinhard Leuze hat dazu vor kurzem[148] einen sehr interessanten Aufsatz geschrieben. Er macht darin klar, daß der Begriff einer Theologie der Religionen mindestens doppeldeutig ist, nämlich als Genitivus objectivus (er meint damit Althaus und Benz) wie als Genitivus subjectivus (er meint damit Pannenberg) verstanden werden kann. Das ist ja auch richtig. Man kann diese Einteilung versuchen, wenn sie auch nie ganz aufgehen wird. Besonders wichtige Fragen aber wirft dieser Aufsatz in bezug auf den Monotheismus – als Endpunkt der religionsgeschichtlichen Entwicklung – und in bezug auf den »Geheimnis«-Begriff für Gott als Hintergrund möglicher interreligiöser Verständigung auf. Das heißt aber, daß der Begriff einer Theologie der Religionen in sich nicht einhellig ist. Theologie der Religionsgeschichte freilich scheint noch weniger verständlich zu sein, weil Religionsgeschichte eine Disziplin ist und man wohl nicht meinen wird, man sollte diese Disziplin theologisch machen.

An dem Begriff einer Theologie der Religionen wird mancherlei fraglich bleiben. Die Sache aber, um die es gehen sollte, liegt klar auf der Hand. Diese Sache hat zwei Seiten. Von der einen Seite sprachen wir eben, daß nämlich die Theologie in allen Fragen dogmatischer wie ethischer Art der Religionen bedarf, um die eigene Überzeugtheit klar erfassen zu können. Die andere Seite ist der Versuch, die Tatsache der außerchristlichen Religionen von den Grundeinsichten christlicher Theologie aus zu erfassen, das heißt, ein in den Grundzusammenhängen des Selbstverständnisses der christlichen Theolo-

---

147. Ich habe diese methodische Notwendigkeit in: Die eine christliche Taufe, Gütersloh 1972, S. 108–140 erläutert.

148. *Reinhard Leuze:* Möglichkeiten und Grenzen einer Theologie der Religionsgeschichte, in: KuD 24 (1978), S. 230–243.

gie angelegtes Urteil über die Stellung zu den außerchristlichen Religionen zu bilden.

b) Thesen zur theologischen Urteilsbildung über die Religionen

Unter einer Theologie der Religionen verstehen wir die Urteilsbildung des christlichen Glaubens über die bedrängende Pluralität der Religionen. Alle diese Religionen erheben eben den Anspruch, den die christliche Religion auch erhebt. Sie alle sagen, daß sie das wahre Leben haben und ihren Anhängern bieten. Sie alle sagen, daß dieses wahre Leben der verfallenen Sittlichkeit der Welt und den tiefen Nöten der Menschen in der Welt aufhelfen kann. Sie alle leiten dieses wahre Leben von Ereignissen her, die einmal als kontingentes Eintreten einer Gottheit geschahen. Sie alle nehmen für dieses heilvolle Einmal absolute Wahrheit in Anspruch. Sie alle wenden sich neuerdings an die Welt schlechthin und wollen die zivilisatorischen Einheits- und Zentralisierungs-Maximen mit dem Leben einer einheitlichen Menschheitsreligion erfüllen, wie das Vivekananda als erster auf der Weltausstellung in Chicago und dem dortigen World Parlament of Religion 1891 propagierte. Mit den Fragen, die die Tatsache dieser religiösen Vielfalt und Konkurrenz stellen, muß der christliche Glaube wie jede religiöse Überzeugung fertig werden. Dabei ist dem christlichen Glauben der Weg, die ganzen Vielheiten auf eine Wesenseinheit zu transzendieren[149], versagt. Auch ist dem christlichen Glauben der Weg versperrt, der die ganzen Vielheiten als historische Entfaltungen ansieht, die sich entwicklungsgeschichtlich ordnen lassen. Der Weg der Relexion des christlichen Glaubens muß andere Wege beschreiben. Wir skizzieren diesen Weg in den folgenden Thesen.

1. Glauben und Denken

These 1

Eine christliche Theologie der Religionen ist möglich, weil das Christentum Religion unter Religionen ist. Sie bildet ihre Urteile von den Voraussetzungen und dem Selbstverständnis der christlichen Theologie, das heißt vom christlichen Glauben aus. Sonst ist der Begriff einer Theologie der Religionen sinnlos.

---

149. In Europa sind diese Versuche in zwei wichtigen theologischen Überlegungen versucht, die beide als Dialog der großen Religionen dargestellt sind. Der erste Versuch ist der von *Nicolaus Cusanus* in seinem Buch de pace fidei 1451 geführte Dialog. Der zweite Versuch ist von *Jean Bodin* in seinem Heptaplomeres 1593 auch in einem Dialog gemacht worden, der die reine Religion seines Senamus über alle Glaubensformeln hinausführt. Heute wird dieser Weg von den hinduistischen und buddhistischen Missionen ausgebildet.

Theologische Rede oder Theologie geschieht als christliche Theologie von den Grundsätzen und Einsichten des Glaubens aus und nicht abgesehen von denselben. Dies ist durch die Definition einer christlichen Theologie gegeben. Der Grund der Möglichkeit dazu ist in der Tatsache gegeben, daß das Christentum eine Religion ist.

These 2
Die christliche Theologie stellt die Gottes-, Selbst- und Welt-Reflexion des christlichen Glaubens dar. Der christliche Glaube geschieht als denkender Glaube, insofern sein Ursprung erstens ein historisches Ereignis ist, insofern die Botschaft Jesu zweitens das Welt-Walten des Gottes Israels in Natur und Geschichte definiert und insofern dieser Glaube drittens nur als verkündigender, Zeugnis gebender, d. h. missionierender Glaube lebt.

Der christliche Glaube ist denkender Glaube. Darin liegt eine der Eigenarten des christlichen Glaubens gegenüber den außerchristlichen Religionen. Ulrich Mann[150] hat diesen Unterschied ganz richtig bemerkt. Er postuliert, für einen Dialog zwischen den Religionen müßten die außerchristlichen Religionen auch eine Theologie ausbilden. Dies wäre zwar denkbar. Aber für die außerchristlichen Religionen hat eine Theologie einen ganz anderen Stellenwert als im Christentum. Man denke nur an die Mu'tazila, den islamischen spekulativen Rationalismus[151].

These 3
Die dem christlichen Glauben eigene Gebundenheit an Wort, Werk und Person Jesu macht seinen Charakter als wirkungsgeschichtlich vermittelte Bezogenheit auf diese raumzeitlich gebundene Ereignisabfolge aus. Die außerchristlichen Religionen sind ihrem heilvollen Grundereignis andersartig, nämlich auf dem Wege der kultischen Wiederholung, d. h. unvermittelt, verbunden. Der christliche Glaube kennt diese kultischen Wiederholungen, die zur Unmittelbarkeit führen, als religiöse Versuchung in den Nöten seiner geschichtlichen Abständigkeit von Wort, Werk und Person Jesu oder der stets präsenten Lehre. Aber der christliche Glaube weiß, daß diese kultisch oder rational erreichte ewige Wiederkehr des Göttlichen seinen Grundlagen widerspricht.

150. *Ulrich Mann:* Das Christentum als absolute Religion, Darmstadt 1970, S. 46–58.
151. *Max Horten:* Die philosophischen Probleme der spekulativen Theologie im Islam, Bonn 1910.

Die Eigenart des christlichen Glaubens, vermittelt zu sein – jedenfalls in und durch Wort, Werk und Person Jesu – steht jeder religiösen Unmittelbarkeit, wie sie Grundsehnsucht des homo religiosus stets war und noch ist, konträr entgegen. Damit ist einer der tiefsten Unterschiede zwischen den Religionen und dem Christentum angezeigt, dessen Folgerungen in alle Verzweigungen gottesdienstlicher Verehrung des Vatergottes Jesu, betenden Umgangs mit demselben wie sittlicher Verwirklichung des Glaubens dringt. Diese Eigenart des christlichen Glaubens, vermittelt zu sein, gehört mit der Tatsache, daß der christliche Glaube »denkender« Glaube ist, zusammen.

2. Von Gott und den Göttern
These 4

Der christliche Glaube glaubt an den Vatergott Jesu, den Gott Israels als den einen Gott, der schlechthin alles Geschehen in der Welt als Natur wie Geschichte zur Gestalt bringt, besorgt und zu seinem – Gottes wie des Geschehens – Ziel führt. Gott bringt das Geschehen der Welt zur Gestalt, besorgt und vollendet es per res secundas – das sind Mächte, Kräfte, Vollmachten und Vermögen naturhafter wie geschichtlicher Art. Die anfechtende Verborgenheit des Welt-Waltens Gottes wird erhellt und vergewissert von Wort, Werk und Person Jesu, den Gott als Heiliger Geist heute wirksam sein läßt.
Ergo sind die Religionen im Urteil des christlichen Glaubens Teil des Welt-Waltens des dreieinigen Gottes – den Menschen gegeben, »damit sie Gott suchen sollten, ob sie ihn wohl fühlen und finden möchten«[152]. Der dreieinige Gott handelt auch hier per res secundas – Mächte, Kräfte, Vollmachten und Vermögen – als Gottheiten. Er bringt darin Leben zur Gestalt, besorgt und vollendet es. Auch dieses Welt-Walten Gottes in den Religionen bleibt verborgen, rätselhaft sowie anfechtend, bis es in Jesu Wort, Werk und Person ausgelegt und im Geiste Gottes erhellt wird.

Wenn es eine Grundüberzeugung des Glaubens ist, daß der Vatergott Jesu der Schöpfer und Erhalter der Welt als Natur wie als Geschichte »ist«, dann ist es unvermeidbar zuzugeben, daß er in den Religionen wirkt wie in allen anderen Geschichtsgestalten, die Leben möglich machen, bewahren und vollenden. Die Religionen sind als Mythen, Riten, Gebete und Institutionen menschliche Auslegung dieses göttlichen Waltens, das in rebus secundis verborgen ergeht. Aber die Religionen sind in den Ereignissen, die sie zu Religionen machen, das heißt in der Kontingenz ihres Heilsereignisses – sei es das Hervortreten der Gottheit, das Eintreten

152. Apg 17,27a.

der bodhi oder das Auftreten des Inspirierten – Walten des Vatergottes Jesu.
Dieser Ansatz zu einer Theologie der Religionen vermeidet die ebenso unhaltbaren wie folgenschweren Versuche, das theologische Verständnis der Religionen in dem Menschen und seinen Begabtheiten oder Vermögen zu begründen. Auch wo dieses menschliche Vermögen oder »religiöse a priori« letztlich im Heilswillen Gottes und seiner Universalität angesetzt wird, bleibt es bei dem Ansatz Feuerbachs.

These 5
Der Christ *glaubt* an den Gott Israels, den Vatergott Jesu, wie er als Jesus von Nazareth präsent war und die Welt ereignete und wie er als Geist uns heute dieser Zuwendung eröffnet, so daß seine Liebe als die »Wirklichkeit« in Natur wie Geschichte gewiß werden kann. Der Muslim *gehorcht* Allah, dem Gnädigen und Barmherzigen, dem Herrscher am Tage des Gerichts, der seinen Willen mit seinen eigenen Worten als Qur'an durch seinen Propheten Muhammad kundgetan und sich als dieser Qur'an bis heute der Welt eröffnet. Seine absolute Herrschaft erfüllt das Geschehen der Welt als Natur wie Geschichte in befreiendem quisma. Der Hindu *empfängt* Krishnan oder Kali in der Hingabe opfernden Verehrens (puja) auf dem Boden tiefen Sich-Einlassens in ihre Aura (yoga) so, daß das Ganze der Wirklichkeit dem einzelnen – in Zeit wie Raum – anwesend vermittelt wird. Der theravada-Buddhist *erstrebt* den Weg zur bodhi in den Methoden der Ablösung von der vordergründigen Wirklichkeitsgebundenheit seines Daseins, damit das Rad der Geburten zum Stillstand kommt und das karma erlischt.

Den Begriff des »Glaubens« kann man als Christ begründetermaßen nur auf den Vatergott Jesu anwenden, weil uns das Gottesverhältnis der anderen Religionen nur von außen her zugänglich ist. Wir können die religiöse Bindung des Muslim an Allah oder des Hindu an Kali nur sehr bedingt einsehen. Wer eine Gottesverehrung ein-sieht, der verehrt diesen Gott und hängt ihm an.
So viel man sich um die Ein-sicht in die Götter fremder Religionen müht, je mehr man den Versuch macht, die bezwingende Gewalt Amons von Theben oder der Trimurti von Elephanta oder des Tschen-re-zig[153] von Lhasa ein-zusehen, desto klarer tritt der unüberschreitbare Hiatus hervor. Oder es geschieht wie bei Walter F. Otto u. a., daß der Versuch der Einsicht gelingt und man sich jenem Gotte verehrend zuwendet.

153. Der spyan-raz-zig ist der indische Avalokiteshvara. Er inkarniert sich als Dalai-Lama.

Diese unüberwindliche Schwierigkeit religionsgeschichtlichen wie theologischen Religionsvergleichs sucht man durch zwei Wege zu umgehen: a) Man redet ideographisch von den Göttern als Wirklichkeitsganzem oder Sinngrund oder ultimate concern. Dieser Weg ist möglich, aber wer ihn geht, muß wissen, daß man im selben Moment nicht mehr von Indra, Zeus oder Jahve redet, sondern von Abstraktionen, und zwar von solchen unserer (!) Ein-sicht. b) Man redet von Gott grundsätzlich und überall als von einem »Geheimnis«, um damit das Anstößige des Wissens und Nichtwissens zu umgehen[154]. Die »Allgemeinheit des religiösen Geheimnisses« ist ein Sachverhalt, auf den tatsächlich alle Religionen verweisen, wie Leuze ganz zutreffend festhält. Aber mit dieser Allgemeinheit ist eben auch nichts mehr gesagt über Allah's Gottheit am vierten Tage des hadjdj in Missa[155] oder über Osiris an seinem Grabe »am Ufer von Nedit«[156]. Die Aus-sage wird nichts-sagend.

These 6

In jedem Bereich, in dem der Mensch von seinem Gott »gestellt« wird, wird Sünde als religiöser Tatbestand erfahrbar. Der Götter Zorn und des Schicksals Gang vermischen sich unheilvoll. Der epiphane Gott verdeckt seine Zuwendung in seiner Abskondität. Der Realgrund dieser »Gestelltheit« liegt in der Epiphanie Gottes. Es wird nämlich klar: Der Mensch ist nicht Gott, er ist nicht »rein« und nicht ewig! Die religiöse Sünde wird als die Sünde schlechthin an den Anfang der Tage, als Gott noch nahe war, verlegt[157]. Sie bestimmt das Dasein des Menschen als eines Wesens, das sich und seine Welt aus sich selbst heraus und mit sich selbst bedroht. Diese Sünde kann nur von Gott selbst bewältigt werden.

Die religiöse Sünde muß von dem, was unten über die moralische Schuld (III,9) zu sagen ist, grundsätzlich unterschieden gehalten werden. Die religiöse Anthropologie bzw. der Mensch als religiöses Wesen hat hier sein Zentrum: Mensch gegenüber Gott als Mensch vor Gott. Dies aber hat mit Moralität nichts zu tun! Die eminenten Unterschiede der Götter bedingen die eminenten Verschiedenheiten der Ur-Sünde als religiösen Tatbestandes. Die Religionen sind sich völlig einig in der Frage des griechischen

154. *Reinhard Leuze:* Möglichkeiten und Grenzen einer Theologie der Religionsgeschichte, in: KuD 24 (1978), S. 239f.

155. Vgl. Handwörterbuch des Islam, hg. von *Wensinck* und *Kramers,* Leiden 1941: Art. Hadjdj; *Moh. Arkoun:* Pilgerfahrt nach Mekka, Zürich 1978, S. 162–163.

156. *H. Kees:* Der Götterglaube im alten Aegypten, Leipzig 1941, S. 88f.

157. Dies gilt für die Mythen der schrift- und geschichtslosen Kulturen wie für die sog. Hochkulturen.

Tragikers: Was ist schrecklicher als der Mensch? Das gilt dem verfallenen Prometheus ebenso wie dem großen Agamemnon und seinem unseligen Sohne Orest. Das alles sind religiöse Tatbestände – vor den Göttern erfahren und von den Göttern betroffen als von dem, was Jeremia den »listsinnigen Trug« der Gottheit nennt.

3. Nomoi

These 7

Um das Hervortreten der Gottheit herum legen sich die menschlichen Zeugnisse derselben als heilige Schriften. Im Verfolg der Zuwendung der Gottheit sammeln sich die Verehrer dieser Gottheit um Taufen und heilige Mahle. Sie feiern ihre Hochzeiten und ihre Beerdigungen im Scheine dieser großen Nähe Gottes. Ihr Leben wie ihr Sterben ist Vorbereitung zu dem wahren Leben vor diesem Gotte jenseits des vitalen Daseins.

Der christliche Glaube nimmt wahr, wie analog ja gleichartig die Menschen der verschiedensten Kulturkreise ihre Eindrücke von ihres Gottes Präsenz zu Lebens-Gestalten, d. h. zu kultischen Begegnungen von der Geburt bis zum Grabe erheben. Die Funktionalität der Taufen und Abendmahle ist nicht nur gleichartig. Vielmehr stellt sich in den heiligen Schriften wie den Liturgien der von seinem Gott ergriffene Mensch in dieser seiner Ergriffenheit dar. Er stellt sich in Indien wie in Griechenland, in Japan wie in Neuguinea als dieser von seinem Gott erreichte Mensch gleichartig – das heißt auch – vergleichbar dar. Trotzdem sind die Unterschiede eminent, denn die Götter erschließen ihr Gottsein sehr verschieden. So gewiß dieser Götter Gottheit dem, der andere Götter verehrt, unzugänglich bleibt, so gewiß sind die Formen von Zeugnisgeben, Verehren, Feiern, Beten vertrautes Werk.

These 8

Aus der gemeinsamen Verehrung der Götter wachsen spezifisch geprägte Gemeinschaften – Clans, Sippenverbände, Klöster, Bruderschaften, Kirchen und Sekten – die ihre Dekaloge brauchen und die ihre Normensysteme errichten müssen als unter Menschen unerläßliche Reglementierung gemeinsamen In-der-Welt-Seins auf dem Hintergrunde des Hervortretens der Götter.

Die religiösen Gemeinschaften zeigen in den Grundformen der Verehrung (Th. 7) die Gleichartigkeit sich verwirklichender menschlicher Bedingungen. Zugleich aber sind die Unterschiede unverkennbare. Der Hinduismus z. B. hat keine eigentlichen Kirchen-Verbände, und der Islam hat keine Gemeinden. Das Christentum aber hat auf dem Hintergrund der Reich-Gottes-Verkündigung Jesu ein Wissen um Kirche, das die religionssoziologischen Vergleichbarkeiten weit hinter sich läßt. Jedoch wie immer die Eigenart der Götter diese Gemeinschaften verschiedenartig prägt, sie stehen alle in ihrer religionssoziologischen Einseh- und Vergleichbarkeit.

These 9

Die geordnete Gottesverehrung in Kult und Kultverband erstreckt ihre axiomatische Geltung auf das Leben in allen seinen Verzweigungen, Zeichen der universalen Bedeutung des Gottes. Die Dekaloge und religiösen Normsysteme gelten im ganzen Leben. An ihrem Maßstab tritt die moralische Schuld hervor. Das sittliche Versagen des Menschen bekommt damit Relevanz für das Dasein des Menschen vor Gott, und die Sünde als religiöser Sachverhalt wird als Urschuld oder Erbschuld zu der Schuld als moralischem Versagen in »enge« Beziehung gebracht. In dieser Konsequenz liegen Unterschiede wie Unklarheit der religiösen »Erlösungs«-Lehren begründet.

Mit dem Hervortreten eines Gottes geschieht insofern die entscheidende Konstellation des Weltverhältnisses des Menschen, als der Gott einen festen Ort im Raum als seinen Platz und ein festes Datum in der Zeit als seine Stunde markiert. Raum und Zeit gliedern sich von hier aus und auf dies hic-nunc der Epiphanie hin. Der Omphallos erlaubt es, wie der Meru als Weltberg, Welt zu orten. Das heilvolle Einmal der Epiphanie und ihr kultisches Immer-Wieder erlauben eine Zeitigung des Geschehens. Die »subjektiven Formen der Anschauung« werden ausdrücklich im Hervortreten der Gottheit. Dies ist der Hintergrund für die Entstehung der moralischen Schuld.

4. Urteile

These 10

Die Überzeugung von der »Absolutheit der eigenen Religion« gehört zum unmittelbaren Eindruck des »eigenen« Gottes, der in seinem Hervortreten als »der« Gott – Grund und Grenze allen Seins, Sinn und Freude allen Daseins wie Möglichkeit und Zukunft allen wahren Lebens – wirksam wird.
Die »Absolutheit einer Religon« drückt als reflektiertes Urteil einer Religion über eine andere die tatsächliche Unfähigkeit aus, neben dem eigenen Gott die Gottheit anderer Götter zu erfassen. Die »Absolutheit« der religiösen Nomoi – Einrichtungen, Antworten und Sitten – zu behaupten, ist die Dämonisierung der eigenen Religion.

Ein Gott ist als Gott der absolute Herr wie die absolute Wahrheit wie der einzig absolute Halt im Leben und im Sterben. Er besitzt diese absolute Geltung unter denen, die seine Epiphanie betraf. Alle anderen Menschen vermögen seinen absoluten Anspruch weder einzusehen noch anzuer-

kennen. Wem ein Gott nicht widerfuhr, der sieht seine Gottheit nicht ein! Der Absolutheitsanspruch der Religionen ist daher für die eigene Religion unabweisbar, für jede fremde Religion nicht nachvollziehbar. Der Absolutheitsanspruch einer Religion ist rein theoretisch und rational, d. h. von jenseits aller Religion geurteilt, unbegreiflich und töricht[158].
Der Absolutheitsanspruch, der über die Gottheit des eigenen Gottes hinaus für die Nomoi – seien das Riten, Mythen, Kirchen oder Sitten – erhoben wird, erhebt ein Gemächte des Menschen auf die Stufe Gottes. Das nennt man: Dämonisierung der Religion.

These 11

Toleranz im Sinne der »milden« Zulassung aller möglichen religiösen Einfälle, wie die Aufklärung sich das vorstellte, zumal in Übersetzung des Religiösen in moralische Strebungen oder Werte ist identisch mit der Wahrnehmung der Menschenrechte und muß daher wie Feuerbach die Religionen als »bloße« Machwerke des Menschen werten.
Toleranz im religiösen Sinne beginnt mit der Ehrfurcht vor der unübersehbaren und unzugänglichen Hoheit fremder Götter. Christen vermögen nicht wahrzunehmen, wie tief beglückend ein durga-puja[159] im Oktober jeden Jahres sein kann. Aber Christen verhalten sich in Ehrfurcht vor der Größe und Kraft der göttlichen Erfahrungen, mit denen Durga z. B. als Kumari, d. h. Mutter der ganzen Schöpfung, ihre Anhänger beschenkt.
Toleranz quillt aus der Tiefe der eigenen Gotteserfahrung. Je lebendiger der eigene Gott erfahren wird, desto größer ist die Ehrfurcht vor den großen Göttern anderer Religionen und desto klarer das Empfinden für die sog. »Unterscheidung der Geister«, in der die Dämonisierungen aufgehoben werden.

Die Frage der Toleranz ist seit der Aufklärung ein Hauptargument der Religionskritik geworden. Man vermutet in dem, was Gandhi die svadharmagraha nannte, d. i. die Fertigkeit in der eigenen Überzeugung, ein inquisitorisches Verdikt gegen alle anders Denkenden. Das ist auch gewiß oft so gewesen. Man meinte ja auch, fremde Götter als Götzen entlarven zu können – ein plattes Relikt aufklärerischer Oberflächlichkeit. Wo aber der fremde Gott in seiner ganzen Unzugänglichkeit respektiert ist, da beginnt die religiöse Toleranz.

---

158. Dies, scheint mir, ist der Sinn dessen, was *Ulrich Mann* (Das Christentum als absolute Religion, Darmstadt 1970, S. 59) über die Exklusivität sagt, was man im Verhältnis zu der »Inklusivität« des Christentums (S. 68f.) werten muß.

159. Das Opferfest für Durga, die weit verehrte weibliche Gottheit, die die große Mutter wie die ewig Liebende ist. Durga kämpft ihren Kampf gegen die Dämonen und sie vereint schreckliche Grausamkeit mit großem Erbarmen.

These 12

Das Wesen des Christentums – das meint seine essentia als Eröffnung von Möglichkeit zum Sein – kann man zentral nur als »Mission« bezeichnen. Christsein heißt Zeuge sein. Der Zeuge ist der Träger des Geistes, der sagt: »Kyrios Jesous« (1Kor 12,3). Seit Jesu Fortgang ist das Zeitalter des Geistes, d. h. der Zeugenschaft, d. h. der Mission.

Die Religionen setzen zum Angriff auf die Stammlande der großen christlichen Kirchen an – zumal ganz bewußt in den letzten Jahren der Islam. Damit wird in unseren Städten wieder etwas sichtbar von der Rolle des Christen, der als Zeuge in der Welt ist. Zeuge sein heißt ja nicht, Konvertiten suchen, sondern zu Worte kommen lassen, was mich »beseelt«, oder vor der Öffentlichkeit (publice) Christ sein.

In der Auseinandersetzung, die der Geist schafft, indem er Christen als Zeugen in ihrer Welt sein läßt, geschieht stets, was in den ersten drei Jahrhunderten geschah: Das Wort vom Reiche Gottes geht ein in das Selbstverständnis einer Weltzeit und eines Weltteils. Indem das Wort wirklich in eine Welt eingeht, nimmt es an dieser Welt teil. Das zeigte die christliche Botschaft im hellenistischen Zeitalter der mittelmeerischen Kulturen während der ersten vier Jahrhunderte. Die christliche Botschaft formte sich dieser Welt an und prägte sich an ihr aus. Bis heute behielt sie dies hellenistische Gepräge. Dies geschah auch in bezug auf die fränkisch-germanische Welt. Seitdem aber scheint der »Bestand« christlichen Glaubens »fixiert«. Er ist als solcher den nichtchristlichen Kulturen lange Zeit aufoktroyiert. Das ändert sich heute erst am Widerstand der »Betroffenen«. Mission, das kann heute wieder begriffen werden, geschieht als das Ein-gehen der Botschaft vom Reich in die Partizipation an den Ausdrucksmöglichkeiten derer, denen die Botschaft gilt.

Außer dem Christentum ist auch der Theravada-Buddhismus von Hause aus eine Missionsreligion. In beiden Fällen besteht das Selbstverständnis der Jüngerschaft in der Sendung. Der Islam verstand seine politische Ausbreitung nur sehr bedingt missionarisch. Heute sind der Islam wie der Hinduismus, der Zen-Buddhismus wie die japanischen Neureligionen zu Missionsreligionen im Sinne bewußter Ausbreitung durch propagandistische Mittel geworden. In dem Auftauchen dieser Religionen in Nordamerika wie Europa begegnet das Christentum seinen eigenen zum Teil fraglich gewordenen Missions-Methoden. Die Religionen kommen auf die christlichen Kirchen in zwei großen Komplexen zu: Einmal als die in Europa und Nordamerika missionierenden asiatischen Religionen, zweitens aber als Angriff der sog. Quasireligionen, die sich aufgeklärt religionskritisch geben, de facto aber auf der Welle freigesetzter Religiosität treiben. In beiden Richtungen hängt alles daran, ob das Christentum sein Wesen als Mission angemessen begreift.

Sachregister